DUITSE ZINSSTRUCTUREN

Een lexico-grammaticale insteek

PRIMAIR

ISBN: 9783949651632

Imprint: Language Gym

Over de auteurs

Martin Ringenaldus onderwijst sinds 2004 Duits op een school voor voortgezet onderwijs in Nederland. Martin studeerde Duitse taal- en letterkunde aan de Rijksuniversiteit Leiden. Vanaf 2015 verdiept hij zich in formatief handelen en in de cognitieve psychologie. Veel van wat hij hierdoor leerde, vindt hij terug in de E.P.I.-aanpak van Dr Conti. Hij vertaalde eerder "German Sentence Builders" van Gianfranco Conti, Dylan Viñales en Thomas Weidner en implementeerde de E.P.I.-aanpak binnen de sectie Duits op zijn school. De eerste resultaten zijn veelbelovend. Zijn leerlingen boeken meer leerwinst en kunnen zich veel beter en in correct taalgebruik uiten in het Duits.

Silvia Bastow studeerde af aan de universiteit van Presov in Slowakije met een Magister-graad in Duitse taal- en letterkunde. Ze is een ervaren vakleider, lerares Duits met meer dan 17 jaar leservaring in het secundair onderwijs, onderzoeksleider, Specialist Leader in Education voor MVT, GCSE-examinator, Fellow of Chartered College of Teaching (FCCT), ITT-mentor en lid van de raad van de Association for Language Learning (ALL). Silvia is een auteur van een succesvolle blog - https://fraubastowmfl.blogspot.com/. Silvia is een actief lid van de gemeenschap van moderne taaldocenten in het VK en presenteert regelmatig op verschillende taalconferenties en webinars. Ze is een gepassioneerde docent die de E.P.I.-methode van Dr. Conti met succes heeft geïmplementeerd in haar afdeling.

Sonja Fedrizzi studeerde in 2007 af aan de Universiteit van Wenen. In de 15 jaar daarna heeft ze lesgegeven op alle niveaus Duits, Spaans, Frans en EAL in zowel de openbare als de particuliere sector in Oostenrijk, Australië en sinds 2016 in Schotland. Sonja is een betrokken lid van de gemeenschap van moderne taaldocenten in Schotland en het Verenigd Koninkrijk en presenteert regelmatig tijdens webinars en conferenties over taalonderwijs waar ze haar expertise op het gebied van gemengd en digitaal lesgeven deelt. Gianfranco Conti's benadering van betrokkenheid heeft de leerresultaten van haar leerlingen meetbaar verbeterd en Sonja ziet E.P.I. als een inclusieve baanbrekende methode waarmee het vertrouwen, de zelfredzaamheid en de prestaties van studenten bevorderd kan worden. Sonja, moedertaalspreker van het Duits, werd in 2021 hoofdauteur voor de Duitse inhoud op de Language Gym en was co-auteur van het Pre-Intermediate to Intermediate Sentence Builder boek, dat in 2021 werd gepubliceerd.

Gianfranco Conti gaf 25 jaar les op scholen in Italië, het VK en in Kuala Lumpur, Maleisië. Hij is ook universitair docent geweest, heeft een masterdiploma in toegepaste taalkunde en een doctoraat in metacognitieve strategieën zoals toegepast schrijven in een tweede taal. Hij is nu een auteur, een populaire onafhankelijke onderwijsconsulent en een aanbieder van professionele ontwikkeling. Hij werd bekroond met de Best Resources Contributor voor de Britse lerarenwebsite TES in 2015. Hij is co-auteur van het bestverkochte en invloedrijke boek voor wereldtalenleraren "The Language Teacher Toolkit", "Breaking the sound barrier: Teaching learners how to listen", waarin hij zijn 'Listening-As-Modelling'-methodologie uiteenzet en "Memory: wat elke taalleraar zou moeten weten". Ten slotte heeft Gianfranco de instructiemethode E.P.I. (Extensive Processing Instruction) ontwikkeld.

Dylan Viñales heeft 15 jaar lesgegeven op scholen in Bath, Beijing en Kuala Lumpur in staats-, onafhankelijke en internationale omgevingen. Hij woont in Kuala Lumpur. Hij spreekt vloeiend vijf talen en redt zich in nog een aantal talen. Dylan is naast een leraar een aanbieder van professionele ontwikkeling, gespecialiseerd in E.P.I., metacognitie, het onderwijzen van talen door middel van muziek (vooral ukelele) en cognitieve wetenschap. In de afgelopen vijf jaar heeft hij samen met Dr. Conti E.P.I. geïmplementeerd in een van de beste internationale scholen ter wereld: Garden International School. Dylan schrijft een invloedrijke blog over moderne taaldidactiek waarin hij het taalonderwijs via E.P.I. ondersteunt.

OPDRACHT

Voor Peter
-Martin

Voor Dave & Alex
-Silvia

Voor E & P
-Sonja

Voor Catrina
-Gianfranco

Voor Ariella & Leonard
-Dylan

Dankbetuigingen

Een boek maken is een tijdrovende maar dankbare aangelegenheid.

Silvia wil dit boek graag opdragen ter nagedachtenis aan haar vader – Pavol Bučko (02.06.1954 – 22.03.2022), die haar altijd heeft gesteund en aangemoedigd in alles wat ze van plan was te doen en die helaas zijn strijd tegen maagkanker heeft verloren.

Silvia wil ook graag haar familie bedanken; in het bijzonder haar echtgenoot voor zijn voortdurende steun, het maken van koppen koffie en het koken van maaltijden terwijl zij bezig was met het schrijven van het boek. Sonja, bedankt voor al je advies en begeleiding. Dylan and Gianfranco bedankt voor deze geweldige mogelijkheid. Ik heb veel van jouw expertise geleerd.

Dank aan Flaticon.com en Mockofun.com voor het bieden van toegang tot een eindeloze bibliotheek van icoontjes, clipart en afbeeldingen die we hebben gebruikt om het boek gebruiksvriendelijker te maken dan elke andere Sentence Builders voorganger, om zo aantrekkelijk mogelijk te zijn voor leerlingen in het primair onderwijs.

Ten slotte gaat onze dank uit naar de MVT Twitterati voor hun voortdurende steun voor E.P.I. en de Sentence Builders boekenserie. In het bijzonder noemen we ons team van ongelooflijke onderwijzers die hebben geholpen met het controleren van alle hoofdstukken: Heather Laird, Adam Clarke, Klaudia Schwenk, Jimena Licitra & Mike Alexander. Het is aan jullie tijd, geduld, professionaliteit en gedetailleerde feedback te danken dat we in staat zijn geweest zo'n verfijnd en een zeer nauwkeurig product te maken.

Vielen Dank,
Silvia, Sonja, Martin, Gianfranco & Dylan

Inleiding

Hallo en welkom bij het eerste Sentence Builders werkboek dat voor kinderen in de basisschoolleeftijd is gemaakt en dat is ontworpen als een aanvulling op een Duitse Extensive Processing Instruction cursus. Het boek is uit noodzaak ontstaan, omdat zo'n bron hiervoor nog niet bestond.

Hoe dit boek te gebruiken als je bekend bent met onze E.P.I.-aanpak

Dit boek is oorspronkelijk ontworpen als hulpmiddel om te gebruiken in combinatie met onze E.P.I.-aanpak en leerstrategieën. Onze cursus geeft de voorkeur aan het overspoelen van de leerlingen met begrijpelijke input, het organiseren van inhoud door communicatieve functies en gerelateerde constructies en een grote focus op lezen en luisteren als modellering. Het doel van dit boek is om de beginnende leerling taalkundige hulpmiddelen te bieden - hoogfrequente structuren en woordenschat - die nuttig zijn voor communicatie in het echte leven. Aangezien in een typisch E.P.I.-hoofdstuk auditief en mondeling werk een grote rol spelen, moet dit boek niet worden gezien als een E.P.I.-cursusboek, maar eerder als een **nuttige bron** om uw Luisteren-Als-Modellering- en spreekactiviteiten **aan te vullen**.

Hoe dit boek te gebruiken als je NIET bekend bent met onze E.P.I.-aanpak

Als alternatief kun je dit boek voor je lessen gebruiken als een bron van afdrukbaar materiaal waar je van tijd tot tijd uit kunt putten. Hoewel ons curriculum is ingericht naar communicatieve functies in plaats van onderwerpen, hebben we doelbewust de doelconstructies ingebed in onderwerpen die populair zijn bij docenten en die vaak worden aangetroffen in gepubliceerde lesboeken.

Als je meer wilt weten over E.P.I. zou je de blogs van één van de auteurs kunnen lezen. De beste leidraad is Dr. Conti's "Patterns First - How I Teach Lexicogrammar", die te vinden is op zijn blog (www.gianfrancoconti.com). Er zijn ook blogs op de wordpress-site van Dylan (mrvinalesmfl.wordpress.com) zoals "Using sentence builders to reduce (everyone's) workload and create more fluent linguists", die kunnen worden gelezen om lesideeën op te doen en om te leren hoe een cursus te structureren, door alle stadia van E.P.I.

Voorbeelden van E.P.I.-activiteiten en spelletjes om in de klas te spelen, gebaseerd op de MARS-EARS sequentie, kun je vinden op Simona's padlet: (https://en-gb.padlet.com/simograv/svi55fluxeolisi9) “MFL Teaching based on E.P.I. approach, Videos and blogs, Sample activities from Modelling to Spontaneity”. Deze kunnen gebruikt worden om taken te modelleren.

Het boek “Breaking the Sound Barrier: Teaching Learners how to Listen” van Gianfranco Conti en Steve Smith, geeft een gedetailleerde beschrijving van de aanpak en van de luister- en spreekactiviteiten die je in synergie met dit boek kunt gebruiken.

De structuur van het boek

Het boek bevat 10 hoofdstukken die te maken hebben met een specifieke communicatieve functie, zoals Ik kan mijn naam en leeftijd zeggen', 'Ik kan praten over het weer', 'Ik kan zeggen

wat er in mijn stad is'. In de inhoudsopgave van dit boek is per hoofdstuk de communicatieve functie aagegeven. Elk hoofdstuk bevat:

- een schema met zinsstructuren die constructies in de doeltaal modelleren, geïntroduceerd door vragen om de communicatie te begeleiden.
- een reeks van Luisteren-om-te-Modelleren activiteiten om decoderingsvaardigheden, klankbewustzijn, spraaksegmentatie, lexicaal ophalen en ontleden te trainen.
- een reeks leestaken gericht op zowel betekenis als de structurele niveaus van de tekst;
- een reeks vertaaltaken om de stof op te halen;
- een reeks schrijftaken gericht op belangrijke microvaardigheden zoals spelling, ophalen van woordenschat, syntax en bewerken en communiceren van betekenis.

Elk schema met zinsstructuren aan het begin van een hoofdstuk bevat één of meer constructies die zijn geselecteerd met *real-life* communicatie in gedachten. Elk hoofdstuk is rond die constructie(s) gebouwd, maar niet uitsluitend daarop. Gebaseerd op het principe dat elke EPI-instructiereeks van modellering naar productie moet gaan, breidt elk hoofdstuk het materiaal in elk schema met zinsstructuren uit door het in te bedden in teksten en stapsgewijs opgebouwde taken die zowel bekende als onbekende (maar begrijpelijke en leerbare) woordenschat en structuren bevatten. Door veel en zorgvuldig hergebruik en uitgebreide verwerking van de input, heeft de leerling aan het einde van elk hoofdstuk veel mogelijkheden om met de nieuwe woordenschat en patronen geconfronteerd te worden en deze te verwerken met materiaal van voorgaande hoofdstukken.

Naast de hoofdstukken vind je: Geen Slangen Geen Ladders taken, gemaakt om spreekvaardigheid te oefenen met een boeiend en leuk bordspel dat kan worden gekopieerd en gespeeld in groepen van drie studenten.

Belangrijke *waarschuwingen*

1) Dit is een boek '**zonder franje**'. Dit betekent dat slechts een beperkt aantal illustraties is gebruikt. Dit is omdat we elk afzonderlijk onderdeel van dit boek nuttig willen laten zijn. In het bijzonder hebben we grondig nagedacht over zowel **herhalen** als **afwisselen** om ervoor te zorgen dat belangrijke constructies woorden en grammaticale items regelmatig opnieuw worden bekeken om hun retentie exponentieel te verbeteren.

2) **Luisteren** als modellering is een belangrijk onderdeel van E.P.I. De audiobestanden voor elk luisteronderdeel van elk hoofdstuk vindt u onder het kopje AUDIO op Language-Gym.com - hiervoor heeft u **geen abonnement of account nodig**.

3) Een **antwoordenboekje** is ook verkrijgbaar, voor hen die dat graag willen. We hebben het apart gemaakt om te voorkomen dat dit boek erg omvangrijk zou worden.

4) Dit boek is geschikt voor **beginnende** leerlingen. Dit verhoudt zich tot een **ERK A1-A2** niveau, of een **brugklas of basisschoolklas**. Je hoeft niet bij het begin te beginnen, hoewel je in sommige hoofdstukken zal willen duiken voor revisie/herhaling. Je hoeft het boek niet in volgorde te doorlopen, hoewel velen van jullie dat wellicht zullen doen, en als je het doet, zul je profijt hebben van de specifieke herhalings- en afwisselingsstrategieën. Hoe dan ook, alle onderwerpen worden regelmatig herhaald door het boek heen.

We hopen dat jij en je leerlingen dit boek nuttig zullen vinden en met plezier zullen gebruiken.

Inhoudsopgave

HOOFDSTUK 1

ICH HEIßE

In dit hoofdstuk leer je hoe je in het Duits zegt:

- ✓ wat je naam is
- ✓ hoe oud je bent
- ✓ de getallen van 1 t/m 12
- ✓ en hoe je andere mensen begroet

Hallo, wie heißt du?

Ich heiße Katja.

HOOFDSTUK 1. ICH HEIẞE

Ik kan mijn naam en leeftijd zeggen

Wie heißt du? *Hoe heet jij?*

Wie alt bist du? *Hoe oud ben jij?*

Hallo/ Guten Tag,	ich heiße	Alex	und	ich bin	ein *1*	Jahr alt
Hallo/ Goedendag,	*ik heet*	Andreas	*en*	*ik ben*		*jaar oud*
		Anna				
		Bastian			zwei *2*	Jahre alt
		Emma			drei *3*	jaar oud
		Ingo			vier *4*	
		Jens			fünf *5*	
		Julian			sechs *6*	
		Katja			sieben *7*	
		Lea			acht *8*	
		Lena			neun *9*	
		Maja			zehn *10*	
		Max			elf *11*	
		Mia			zwölf *12*	
		Lena				
		Paul				
		Sabine				
		Sonja				

***Opmerking:** *het getal "eins" wordt "ein" als het voor een zelfstandig naamwoord komt.*

***bijv.** Mein Kind ist ein Jahr alt.*

Hoofdstuk 1. Mijn naam en leeftijd: LUISTEREN

1. Luister en vul de ontbrekende klinker in.

a. Ich h__iße...

b. Ich b__n...

c. s__chs

d. dr__i

e. v__er

f. J__hre

g. ne__n

h. __lf

i. z__hn

j. zw__lf

a e i ö u

2. Breek de stroom: Zet een streepje tussen de woorden.

a. Hallo,ichheißeAnjaundichbinzehnJahrealt.

b. GutenTag,ichheißeSabine.

c. Hallo,ichheißeNico.IchbinachtJahrealt.

d. Hallo,ichheißeJensundichbinzwölfJahrealt.

e. Wieheißtdu?IchheißeElke.

f. Wiealtbistdu?IchbinsiebenJahrealt.

3. Luister en zet per zin een vinkje in het juiste vakje.

		1	2	3
a.	Ich heiße	Alex	Paul	Lena
b.	Ich bin	elf Jahre alt	zwei Jahre alt	vier Jahre alt
c.	Ich bin	zehn Jahre alt	zwölf Jahre alt	acht Jahre alt
d.	Hallo	Guten Morgen	Wie alt bist du?	Wie heißt du?

4. Maak de zinnen compleet met letters uit onderstaande balk.

a. Wie h_ _ßt du?

b. Ich hei_ _ Sonja.

c. Ich bin s_ _ben Jahre alt.

d. Gu_ _ _ Tag,

e. Hal_ _, ich heiße Jens.

f. Wie _ _t bist du?

g. Ich bin acht Jah_ _ alt.

h. Ich bin zwölf _ _ _re alt.

i. Ich _ _ _ße _ _lian.

j. Hallo, ich heiße Sa_ _.

ie	ei	lo	ße	re	ten	al	Jah	hei	Ju	ra

5. Vul de tabel in met de juiste informatie.

	Naam	Leeftijd (Getal)
a.		
b.		
c.		
d.		

6. Verkeerde Echo

vb. Ich bin <u>sechs</u> Jahre alt.

a. Ich bin neun Jahre alt.

b. Hallo, ich bin zwölf Jahre alt.

c. Guten Tag, ich heiße Maja.

d. Hallo, ich bin elf Jahre alt.

e. Hallo, ich heiße Ingo und ich bin acht Jahre alt.

f. Ich heiße Nina und ich bin neun Jahre alt.

g. Wie alt bist du?

7. Volg de klank

Luister en schrijf op hoe vaak je de klank hoort.

1.	a	
2.	e	
3.	i	
4.	o	
5.	u	

8. Vind de indringer

Vind en onderstreep in elke zin het woord dat de spreker NIET zegt.

vb. Ich heiße Anna, <u>hallo</u>.

a. Wie heißt du? Ich heiße Jonas Lisa.

b. Wie alt bist du? Ich bin drei sechs Jahre alt.

c. Guten Tag, ich bin heiße Lea.

d. Hallo Jens und wie alt bist du?

e. Hallo, zwei ich heiße Anke und ich bin zehn Jahre alt.

9. Spelling Uitdaging (1-12)

Luister en vul in de Duitse woorden de ontbrekende letter in.

a.	zw__i	g.	ac__t
b.	__ins	h.	d__ei
c.	s__chs	i.	v__er
d.	ne__n	j.	si__ben
e.	f__nf	k.	zw__lf
f.	ze__n	l.	e__f

10. Luister en omcirkel het juiste getal (1-12).

vb. Wie alt bist du? Ich bin neun Jahre alt.

vb.	*7*	*8*	*9*
a.	6	7	8
b.	10	3	2
c.	9	12	11
d.	4	5	1
e.	12	6	4

Hoofdstuk 1. Mijn naam en leeftijd: WOORDENSCHAT

1. Combineer

1. Ich heiße a. tien
2. zehn b. vier
3. drei c. twee
4. vier d. vijf
5. zwei e. Ik heet
6. dreizehn f. zeven
7. elf g. drie
8. Jahre h. dertien
9. fünf i. jaren
10. sieben j. elf

1	
2	
3	
4	
5	
6	
7	
8	
9	
10	

2. Gebroken Woorden

a. Ich b_ _ *Ik ben*

b. a_ _ _ *acht*

c. se_ _ _ *zes*

d. Ja_ _ _ *jaren*

e. Ich hei_ _ *Ik heet*

f. zw_ _ _ *twaalf*

g. e_ _ _ *één*

h. sie_ _ _ *zeven*

i. neu_ *negen*

j. ze_ _ *tien*

3. Maak elke zin compleet met een woord uit onderstaande balk.

a. Ich bin __________ Jahre alt. *Ik ben zeven jaar oud.*

b. Ich ______________ Dylan. *Ik heet Dylan.*

c. Ich bin ________ Jahre alt. *Ik ben elf jaar oud.*

d. Wie heißt ______? *Hoe heet jij?*

e. Wie alt ________ du? *Hoe oud ben jij?*

f. ____________, ich heiße Claudia. *Hallo, ik heet Claudia.*

g. Wie schreibt man deinen ________? *Hoe schrijf je jouw naam?*

h. Ich heiße Mia und ich ____ dreizehn. *Ik heet Mia en ik ben 13.*

bist	heiße	Namen	sieben	du	Hallo	elf	bin

4. Bouwstenen voor zinnen

Gebruik de woorden in de bouwstenen om een goede Duitse zin te maken.

a.

____

b.

____

c.

____

d.

____

Hoofdstuk 1. Mijn naam en leeftijd: LEZEN

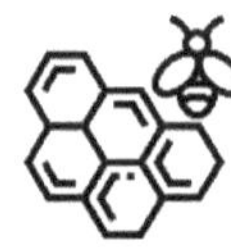

1. **Lettergrepen**
   Vertaal de zinnen door de cellen in de juiste volgorde te zetten.

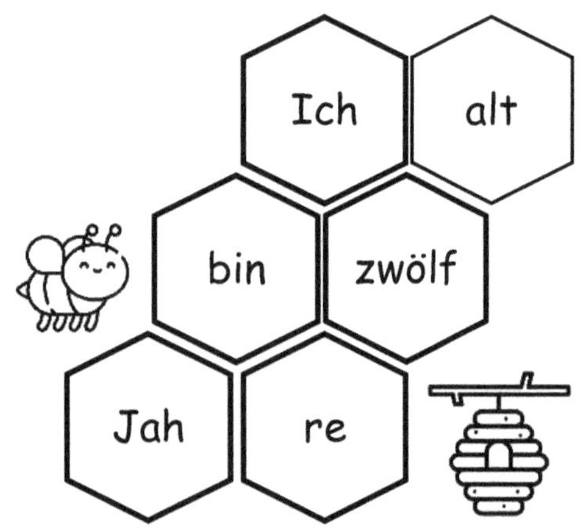

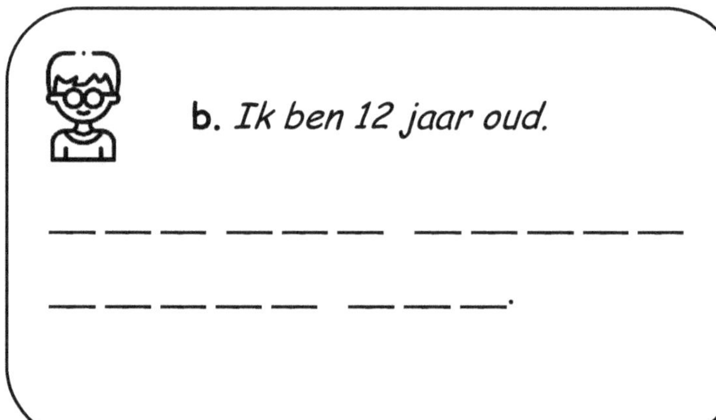

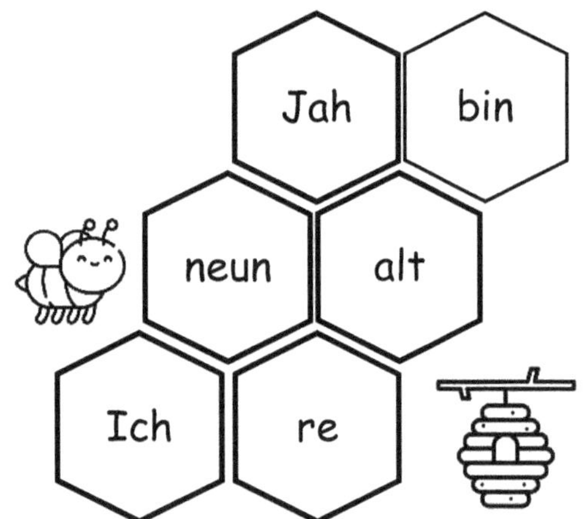

c. *Ik ben 9 jaar oud.*

___ ___ ___ ___ ___ ___.

2. Goed of Fout

Lees de dialogen hieronder en plaats bij elke zin een vink.

1a. Hallo, wie heißt du? Ich heiße Jonas.

1b. Hallo, ich heiße Maja. Wie alt bist du?

1c. Ich bin zehn Jahre alt und du?

1d. Ich bin acht Jahre alt.

2a. Guten Tag, wie heißt du? Ich heiße Micha.

2b. Hallo, ich heiße Amira. Wie alt bist du?

2c. Ich bin zwölf Jahre alt und du?

2d. Ich bin elf Jahre alt.

	Goed	Fout
1a. Hij heet **Jonas.**		
1b. Zij heet **Mareike.**		
1c. Hij is 11 jaar oud.		
1d. Zij is 8 jaar oud.		
2a. Hij heet **Patrick.**		
2b. Zij heet **Amira.**		
2c. Hij is 12 jaar oud.		
2d. Zij is 10 jaar oud.		

Hoofdstuk 1. Mijn naam en leeftijd: SCHRIJVEN

1. Spelling

a. I__ __ he__ __ __ — *Ik heet ...*

b. Ic__ b__ __ z__hn Jah__ __ alt — *Ik ben tien jaar oud.*

c. v__ __r __ __ __re — *vier jaar*

d. n__ __n J__ __ __e — *negen jaar*

e. W__ __ h__ __ __t __u? — *Hoe heet jij?*

f. __ie __l__ b__ __t d__? — *Hoe oud ben jij?*

g. Wie s__ __reibt m__n deinen N__men? — *Hoe schrijf je jouw naam?*

2. Anagrammen

a. chI inb chat haJre lta. — *Ik ben acht jaar oud.*

__ __

b. hcI eehiß aMaj. — *Ik heet Maja.*

__ __ __ __ __ __ __ __ __ __ __ __ __

c. cIh nbi lfzwö erhaJ tal. — *Ik ben twaalf jaar oud.*

__ __

d. hIc inb bensie haJer lat. — *Ik ben zeven jaar oud.*

__ __

e. Ich nib fel aJhre tla. — *Ik ben elf jaar oud.*

__ __ __ __ __ __ __ __ __ __ __ __ __ __ __ __ __ __ __ __

Hallo!

Hoi!

3. Verkeerde Vertaling. Schrijf de goede Nederlandse zin.

vb. *Ich bin zehn.*	⇨	*Ik ben 11.*	*Ik ben 10.*
a. Ich bin elf Jahre alt.	⇨	Ik ben 6 jaar oud.	
b. Guten Tag.	⇨	Tot ziens.	
c. Wie alt bist du?	⇨	Hoe spel je dat?	
d. Wie heißt du?	⇨	Hoe oud ben jij?	
e. Hallo, ich heiße Lea.	⇨	Doei, ik heet Lea.	

4. Zinnen vertalen. Hoe zeg je het in het Duits?

a. Ik ben 8 jaar oud. ____________________

b. Ik heet ... ____________________

c. Hoe heet jij? ____________________

d. Ik ben 12 jaar oud. ____________________

e. Hoe oud ben jij? ____________________

f. Goedemorgen! ____________________

g. Hallo. ____________________

h. Hoe schrijf je jouw naam? ____________________

HOOFDSTUK 2

DAS ALPHABET

In dit hoofdstuk leer je:

- ✓ Je naam in het Duits te spellen
- ✓ Duitse klanken

Je herhaalt:

- ★ Je naam en leeftijd vertellen
- ★ Tellen van 1 t/m 12

Meinen Namen schreibt man so: M-A-J-A.

HOOFDSTUK 2. ALFABET EN KLANKEN

Ik kan Duitse klanken verstaan en uitspreken

Wie schreibt man deinen Namen? *Hoe schrijf je jouw naam?*

1. Luister en schrijf het alfabet zoals je het hoort.

Meinen Namen schreibt man so:	A	*<ah>*	O	________
Mijn naam schrijf je zo:	B	________	P	________
	C	________	Q	________
	D	________	R	________
	E	________	S	________
	F	________	T	________
	G	________	U	________
	H	________	V	________
	I	________	W	________
	J	________	X	________
	K	________	Y	________
	L	________	Z	________
	M	________	ß	________
	N	________	Ä	________
			Ö	________
			Ü	________

2. Vul de gaten in: Wie schreibt man ihn? *Hoe schrijf je het?*

a. B__stian

b. Jul__an

c. __ens

d. Ale__ander

e. Kr__stine

f. Cla__dia

g. So__ja

h. P__ter

i. J__nas

j. Sa__ __ne

3. Vul de ontbrekende letters in.

a. Wi__ s__hreibt ma__ d__inen N__men?

b. Ich h__iße __artin.

c. Ic__ heiße He__ke.

d. M__inen Nam__n sch__eibt man:

e. Ich he__ße __ina.

4. Luister en kies de juiste spelling.

	1	2
a.	Ick heiße	Ich heiße
b.	Jahre	Gare
c.	Gens	Jens
d.	Geberstag	Geburtstag
e.	Deutsch	Dutch
f.	Maga	Maja
g.	Julian	Gulian
h.	bron	braun
i.	Gungen	Jungen
j.	heiße	heibe

5. Luister en vink telkens de letter aan die je hoort. 

1.	C	G	Z
2.	F	S	H
3.	L	H	J
4.	ß	N	M
5.	I	E	A
6.	K	C	S
7.	X	H	V
8.	U	V	W

6. Luister en schrijf de gespelde namen.

1. _ _ _ _ _ _ _
2. _ _ _ _ _ _
3. _ _ _ _
4. _ _ _ _
5. _ _ _ _ _ _
6. _ _ _ _ _ _ _
7. _ _ _ _ _ _
8. _ _ _ _ _ _ _

Hfd. 1-2

Geen slangen geen ladders

START	1 Hallo.	2 Ich heiße …	3 Ich heiße Julian.	4 Wie heißt du?	5 Guten Tag.	6 Ich heiße Paul.	7 und
15 Ich heiße Lena.	14 Ich bin acht Jahre alt.	13 Wie alt bist du?	12 Ich bin neun Jahre alt.	11 Ich bin elf Jahre alt.	10 Ich heiße Sonja.	9 Ich heiße Alex.	8 Ich bin sieben Jahre alt.
16 Ich bin zehn Jahre alt.	17 Ich heiße Max.	18 Meinen Namen schreibt man so:	19 Guten Morgen.	20 Ich bin fünf Jahre alt.	21 Ich heiße Andreas.	22 Ich bin sechs Jahre alt.	23 Hallo, ich heiße …
ZIEL	30 Guten Morgen, Maja.	29 Hallo, Jens.	28 Ich bin vier Jahre alt.	27 Ich heiße Katja.	26 Ich heiße Sabine.	25 Ich bin zwölf Jahre alt.	24 Ich heiße Ingo.

Geen slangen geen ladders

Hfd. 1-2

START	1 Hallo.	2 Ik heet ...	3 Ik heet Julian.	4 Hoe heet jij?	5 Hallo.	6 Ik heet Paul.	7 en
15 Ik heet Lena.	14 Ik ben 8 jaar oud.	13 Hoe oud ben jij?	12 Ik ben 9 jaar oud.	11 Ik ben 11 jaar oud.	10 Ik heet Sonja.	9 Ik heet Alex.	8 Ik ben 7 jaar oud.
16 Ik ben 10 jaar oud.	17 Ik heet Max.	18 Mijn naam spel je zo:	19 Goede- morgen.	20 Ik ben 5 jaar oud.	21 Ik heet Andreas.	22 Ik ben 6 jaar oud.	23 Hallo, ik heet...
ZIEL	30 Goede- morgen, Maja.	29 Hallo, Jens.	28 Ik ben 4 jaar oud.	27 Ik heet Katja.	26 Ik heet Sabine.	25 Ik ben 12 jaar oud.	24 Ik heet Ingo.

HOOFDSTUK 3

WIE GEHT'S DIR?

In dit hoofdstuk leer je hoe je in het Duits zegt:

✓ Hoe het met je gaat

Je herhaalt:

★ wat je naam is

★ je leeftijd vertellen

★ hoe je mensen begroet

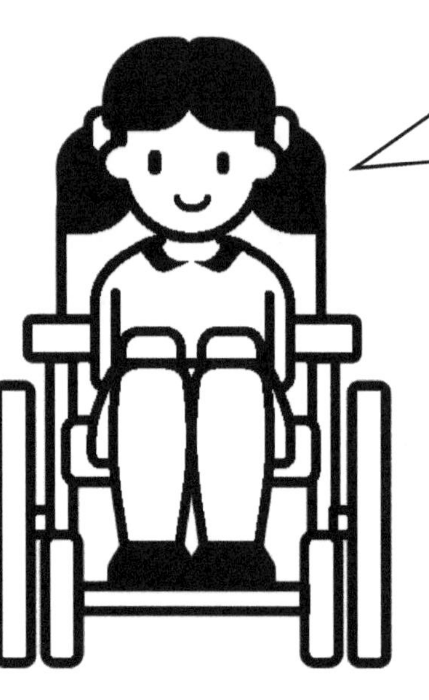

Hallo, wie geht's dir?

Mir geht's gut, danke.

HOOFDSTUK 3. HALLO! WIE GEHT'S DIR?

Ik kan begroeten en zeggen hoe het met mij gaat

Hallo! Wie geht's? / Wie geht es dir?* *Hoe gaat het met jou?*

Hallo/ Guten Tag, *Hallo* **Guten Morgen,** *Goedemorgen* **Guten Abend,** *Goedenavond*	**mir geht's** *met mij gaat het*	**fantastisch** *fantastisch* **sehr gut** *erg goed* **gut** *goed* **so lala** *zo zo* **schlecht** *slecht* **furchtbar** *verschrik-kelijk*	**, weil**** **ich** *omdat ik*	**entspannt** *ontspannen* **gestresst** *gestrest* **glücklich** *gelukkig* **gut gelaunt** *goed gehumeurd* **müde** *moe* **nervös** *nerveus* **traurig** *verdrietig*	**bin** *ben*
Gute Nacht. *Welterusten.*					
Danke, *Dank je,*					

***Opmerking:** *"Wie geht's? is informeel voor "Wie geht es dir/Ihnen?"*

*** Als je "weil" gebruikt, is een komma verplicht voor het voegwoord en de persoonsvorm gaat naar het einde van de zin.*

vb. *Mir geht es gut, weil ich glücklich* ***bin****.*

H3. Ik kan groeten en zeggen hoe het gaat: LUISTEREN 

1. Luister en vink de woorden aan die je hoort.

	1	2	3
vb.	*Guten Tag,*	*Hallo,*	*Guten Morgen,*
a.	so lala	schlecht	gut
b.	gestresst	traurig	müde
c.	glücklich	nicht entspannt	gut gelaunt
d.	müde	furchtbar	sehr gut
e.	gestresst	nervös	glücklich

2. Luister en vul de ontbrekende klinker in.

a. Ich bin gl__cklich.

b. Gut__ Nacht,

c. Guten T__g,

d. Mir geht es s__ lala.

e. Ich b__n traurig.

f. Ich bin m__de.

g. Hallo, ich h__ __ße Nico.

h. Mir geht es sehr g__t.

i. Hall__,

j. Mir geht's f__rchtbar.

k. Ich bin entsp__nnt.

l. Ich bin n__rvös.

m. Ich bin gut gel__ __nt.

3. Vul de missende lettergrepen uit onderstaand vak in.

a. Ich bin _ _stresst.

b. Mir geht es _ _ _.

c. Gu_ _ _ Tag,

d. Gu_ _ Nacht,

e. _ _ _ geht's sehr gut.

f. Mir geht es gut, weil _ _ _ glücklich bin.

g. Ich bin glück_ _ _ _.

h. Hallo, ich hei_ _ Maja.

i. Ich. bin _ _de.

j. Mir geht es so lala, weil ich trau_ _ _ bin.

ge	**te**	**ten**	**ich**	**gut**	**Mir**	**mü**	**lich**	**ße**	**rig**

4. Luister en kies de juiste spelling.

	1	2
a.	Guten Tag,	Gute Tag,
b.	Ick bin	Ich bin
c.	Guten Nacht,	Gute Nacht,
d.	nervös	nervos
e.	gud	gut
f.	glucklich	glücklich
g.	so lala	zo lala
h.	wiel	weil
i.	Wei geht's?	Wie geht's?
j.	entspannt	entspant

5. Breek de stroom: Zet een streepje tussen de woorden.

a. Mirgeht'sgut,weilichglücklichbin.

b. Mirgehtesschlecht,weilichmüdebin.

c. Hallo,mirgeht'sschlecht,weilichtraurigbin.

d. Wiegeht's?Mirgeht'ssolala,danke.

e. Hallo,ichheißeJens.Mirgeht'sgut.

6. Vul de tabel in met de juiste informatie in het Nederlands.

	Begroeting	Emotie
vb. Paul	*Hallo*	*Gelukkig*
a. Mia		
b. Thomas		
c. Jens		
d. Lisa		
e. Christian		

7. Verkeerde Echo

vb. Hallo, mir geht's sehr gut.

a. Guten Tag, mir geht es so lala.

b. Mir geht es furchtbar.

c. Mir geht's gut, weil ich entspannt bin.

d. Wie geht's? Mir geht's gut.

e. Mir geht es schlecht, weil ich traurig bin.

f. Hallo, mir geht's fantastisch, weil ich glücklich bin.

8. Vind de indringer

Vind in elke zin het woord dat de spreker NIET zegt.

vb. Mir geht's sehr gut, weil.

a. Guten Morgen, ich bin entspannt, glücklich und gut gelaunt.

b. Guten Tag Abend, mir geht es so lala, weil ich traurig bin.

c. Mir geht's fantastisch, weil ich mir entspannt bin.

d. Hallo, mir geht es so schlecht, weil ich sehr müde bin.

e. Wie geht's? Mir geht's sehr gut.

9. Nauwkeurig luisteren - Vul in

a. Hallo, mir geht es ____________, weil ich glücklich bin.

b. Guten Tag, mir geht's fantastisch, weil ich _________________ bin.

c. Wie geht's dir? Mir geht's __________________, aber ich bin müde.

d. Guten ____________, mir geht's schlecht, weil ich ___________ bin.

e. Wie geht es dir? Mir geht's gut, ________________.

f. Hallo, mir __________ so lala, weil ich _____________________ bin.

H3. Ik kan groeten en zeggen hoe het gaat: WOORDJES

1. Match Up

1. müde	a. ontspannen	1	
2. entspannt	b. Hallo	2	
3. Ich bin	c. Dank je	3	
4. traurig	d. gelukkig	4	
5. nervös	e. moe	5	
6. danke	f. Ik ben	6	
7. glücklich	g. gestrest	7	
8. gestresst	h. nerveus	8	
9. Guten Tag	i. verdrietig	9	

2. Gebroken Woorden

a. ner______ *nerveus*

b. fantas______ *fantastisch*

c. furch_______ *verschrikkelijk*

d. g___ *goed*

e. Gu___ Na____ *Welterusten*

f. mü___ *moe*

g. we___ *omdat*

h. Ich b___ *Ik ben*

i. s___ gut *erg goed*

3. Vul de ontbrekende woorden in.

a. Mir ______ gut, _____ ich nicht müde bin.
Met mij gaat het goed omdat ik niet moe ben.

b. _____ geht's so lala, weil ich nervös bin.
Met mij gaat het zo zo, omdat ik nerveus ben,

c. Mir geht's gut, weil _____ glücklich bin.
Met mij gaat het goed, omdat ik gelukkig ben.

d. Mir geht's so lala, weil ich ________ bin.
Met mij gaat het zo zo, omdat ik verdrietig ben.

e. Wie geht's dir? Mir geht's sehr gut, weil ich _______________ bin.
Hoe gaat het met jou? Met mij gaat het erg goed, omdat ik ontspannen ben.

geht's	Mir	ich	traurig	weil	entspannt

H3. Ik kan groeten en zeggen hoe het gaat: LEZEN

1. Lettergrepen
Vertaal de zinnen door de cellen in de juiste volgorde te zetten.

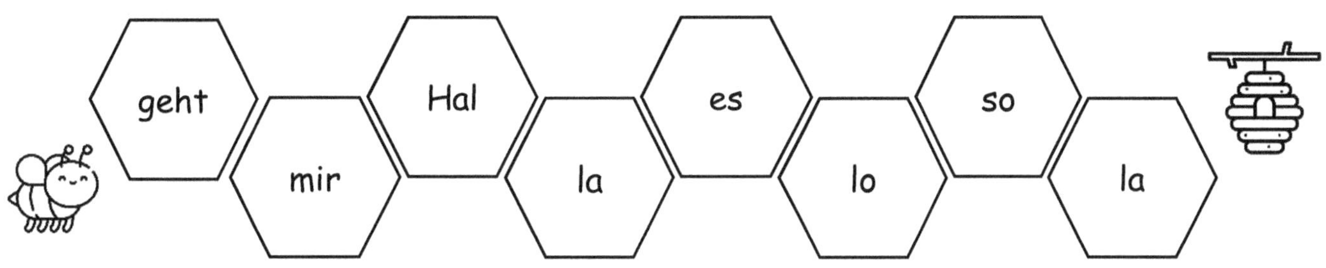

a. *Hallo, met mij gaat het zo zo.*
H______, m______ g______ e___ s___ l_____.

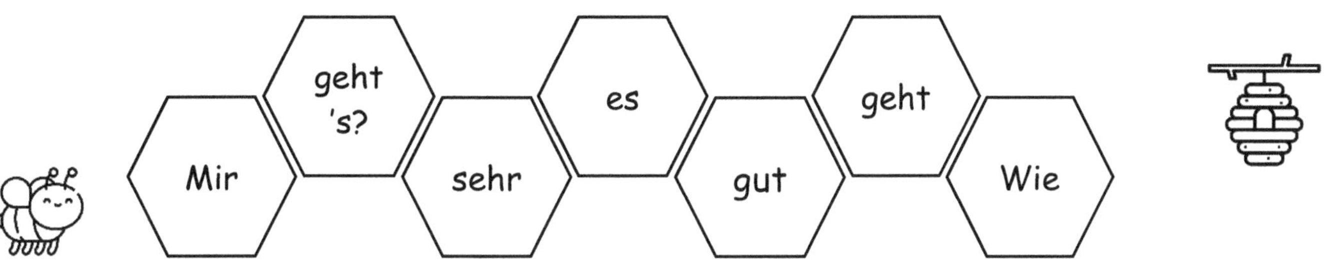

b. *Hoe gaat het met jou? Met mij gaat het erg goed.*
W_____ g______? M_____ g_______ e___ s______ g_____.

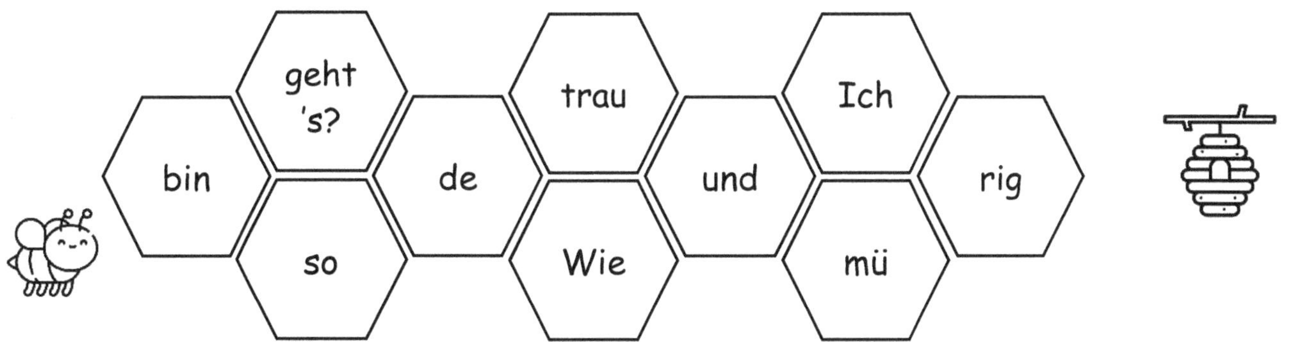

c. *Hoe gaat het met jou? Ik ben zo moe en verdrietig.*
W_____ g______? I___ b_____ s___ m_______ und t_________.

2. Lees de zinnen en vul onderstaande tabel in het Nederlands in.

vb. Hallo, ich heiße Jonas. Ich bin acht Jahre alt. Mir geht es sehr gut, weil ich glücklich bin.

c. Guten Tag, ich heiße Jana. Ich bin sechs Jahre alt. Mir geht's so lala, weil ich müde bin.

a. Hallo, ich heiße Amira. Ich bin elf Jahre alt. Mir geht's fantastisch, weil ich gut gelaunt bin.

d. Hallo, ich heiße Silvia. Ich bin neun Jahre alt. Mir geht's gut, weil ich glücklich bin.

b. Guten Tag, ich heiße Mathias. Ich bin dreizehn Jahre alt. Mir geht's gut, weil ich entspannt bin.

e. Hallo, ich heiße Nico. Ich bin zwölf Jahre alt. Mir geht es schlecht, weil ich nervös bin.

	Naam	Leeftijd	Gevoel	Reden
vb.	*Jonas*	*8*	*Very well*	*Happy*
a.				
b.				
c.				
d.				
e.				

H3. Ik kan groeten en zeggen hoe het gaat: SCHRIJVEN 

1. Spelling

a. Mi_ g___ ___t es g___t. *Met mij gaat het goed.*

b. ___ ___r ge___t's f___nta___t___sch. *Met mij gaat het fantastisch.*

c. , w___ ___l i___ ___ glüc___ ___ich b___n. *omdat ik gelukkig ben.*

d. , we___ ___ ich tr___ ___ ___ ___ ___g bi___. *omdat ik verdrietig ben.*

e. , wei___ ic___ ent___p___nn___ bin. *omdat ik ontspannen ben.*

f. Wi___ g___ ___t es di___? *Hoe gaat het met jou?*

g. Mir geht's sch___echt. *Met mij gaat het slecht.*

2. Anagrammen

a. chI nib nvöser. *Ik ben nerveus.*

___ ___ ___ ___ ___ ___ ___ ___ ___ ___ ___ ___ ___ ___ ___

b. hIc ßeeih bianSe. *Mijn naam is Sabine.*

___ ___ ___ ___ ___ ___ ___ ___ ___ ___ ___ ___ ___ ___ ___ ___ ___ ___ ___

c. Ihc ibn gsertsset. *Ik ben gestrest.*

___ ___ ___ ___ ___ ___ ___ ___ ___ ___ ___ ___ ___ ___ ___ ___ ___ ___ ___ ___

d. hcI nib nchti gcklüchil. *Ik ben niet gelukkig.*

___ ___

e. rMi ghe'ts hser gtu. *Met mij gaat het erg goed.*

___ ___ ___ ___ ___ ___ ___ ___ ___ ___ ___ ___ ___ ___ ___ ___ ___ ___ ___ ___

3. Verkeerde Vertaling. Vind de verschillen en verbeter de Nederlandse woorden.

vb. Ich bin müde. ⇨	*Ik ben goed gehumeurd.*	*Ik ben moe.*
a. Mir geht's gut. ⇨	Ik ben gelukkig.	
b. Wie geht es dir? ⇨	Hoe heet jij?	
c. Ich bin nervös. ⇨	Ik ben verdrietig.	
d. Ich bin traurig. ⇨	Ik ben ontspannen.	
e. Hallo, wie geht's dir? ⇨	Hallo, hoe gaat het met mij?	

4. Zinnen Vertalen. Hoe zeg je het in het Duits?

a. Met mij gaat het goed. ____________________

b. Met mij gaat het verschrikkelijk. ____________________

c. Hoe gaat het met jou? ____________________

d. Ik ben ontspannen. ____________________

e. Ik ben gestrest. ____________________

f. Ik ben goed gehumeurd. ____________________

g. Hallo, met mij gaat het goed. ____________________

h. Ik ben nerveus. ____________________

i. Ik ben moe. ____________________

HOOFDSTUK 4

MEIN GEBURTSTAG

In dit hoofdstuk leer je hoe je in het Duits zegt:

- ✓ Wanneer je verjaardag is
- ✓ Getallen t/m 31
- ✓ Maanden van het jaar

Je herhaalt:

- ★ Naam en leeftijd vertellen
- ★ Vertellen hoe het met je gaat

Wann ist dein Geburtstag?

Mein Geburtstag ist am elften März.

HOOFDSTUK 4. MEIN GEBURTSTAG

Ik kan zeggen wanneer mijn verjaardag is

Wann ist dein Geburtstag? *Wanneer is jouw verjaardag?*

Mein Geburtstag ist am *Mijn verjaardag is op*	**ersten**	*1.*		
	zweiten	*2.*		
	dritten	*3.*		
	vierten	*4.*		
	fünften	*5.*		
	sechsten	*6.*		
	siebten	*7.*	**Januar**	*januari*
	achten	*8.*	**Februar**	*februari*
	neunten	*9.*		
	zehnten	*10.*	**März**	*maart*
	elften	*11.*		
	zwölften	*12.*	**April**	*april*
	dreizehnten	*13.*	**Mai**	*mei*
	vierzehnten	*14.*		
	fünfzehnten	*15.*	**Juni**	*juni*
	sechzehnten	*16.*		
	siebzehnten	*17.*	**Juli**	*juli*
	achtzehnten	*18.*	**August**	*augustus*
	neunzehnten*	*19.*		
	zwanzigsten	*20.*	**September**	*september*
	einundzwanzigsten	*21.*		
	zweiundzwanzigsten	*22.*	**Oktober**	*oktober*
	dreiundzwanzigsten	*23.*	**November**	*november*
	vierundzwanzigsten	*24.*		
	fünfundzwanzigsten	*25.*	**Dezember**	*december*
	sechsundzwanzigsten	*26.*		
	siebenundzwanzigsten	*27.*		
	achtundzwanzigsten	*28.*		
	neunundzwanzigsten	*29.*		
	dreißigsten	*30.*		
	einunddreißigsten	*31.*		

***Opmerking:** De rangtelwoorden 1-19 krijgen het achtervoegsel "-ten"; vanaf 20 voeg je "-sten" toe. **vb.** Mein Geburtstag ist am elf**ten**/am zwanzig**sten** Mai.*

H4. Ik kan zeggen wanneer mijn verjaardag is: LUISTEREN

1. Luister en zet een vink achter het woord dat je hoort. ✓

	1	2	3
a.	sechs	sieben	vier
b.	Juni	Juli	eins
c.	sechzehnten	siebzehnten	achtzehnten
d.	zweiundzwanzigsten	vierundzwanzigsten	neunundzwanzigsten
e.	September	November	Dezember
f.	Jahre	Geburtstag	Jahr

2. Verkeerde Echo

Onderstreep het woord met de verkeerde klank.

a. Mein Geburtstag ist...

b. am neunzehnten April

c. Ich heiße Nina.

d. am sechsundzwanzigsten Juni

e. am achtzehnten Oktober

f. Ich bin elf Jahre alt.

g. am sechzehnten Dezember

h. am dreizehnten März

3. Luister en vul de ontbrekende letters in.

a. am zw__lften März

b. am __ierzehnten Febr__ar

c. am dritt__n __uli

d. am drei__igsten Ju__i

e. am zw__nzigsten Sept_mber

f. am f__nfzehnten O__tober

g. Ich bin e__f Ja__re alt.

h. am ne__nten __pril

4. Vul de ontbrekende lettergrepen uit onderstaand vak in.

a. Ich bin sie _ _ _ Jahre alt.

b. am ach _ _ _ September

c. am einunddreißigsten _ _ li

d. Mein _ _ burtstag ist...

e. am sech _ _ _ _ ten August

f. am zwölften Ju _ _

g. am _ _ _ _ ten März

h. am dritten _ _ nuar

i. am _ _ _ _ zigsten Mai

j. am _ _ _ _ ßigsten April

vier	Ge	zwan	Ju	zehn	ten	Ja	drei	ben	ni

5. Breek de stroom: Zet een streepje tussen de woorden.

a. MeinGeburtstagistamsiebzehntenNovember.

b. IchheißeMarkus.IchbinelfJahrealt.

c. MeinGeburtstagistamviertenAugust.

d. WannistdeinGeburtstag?AmzweitenApril.

e. MeinGeburtstagistamzweiundzwanzigstenMai.

f. MeinGeburtstagistamdrittenFebruar.

6. Vul de tabel in met de juiste geboortedagen. 

	Dag	Maand
vb.	*12*	*April*
a.		
b.		
c.		
d.		
e.		

7. Vind de indringer

Vind in elke zin het woord dat de spreker NIET zegt.

vb. *Mein Geburtstag ist drei am zehnten Dezember.*

a. Mein Geburtstag ist am nicht neunzehnten September.

b. Mein Geburtstag ist mir am zwanzigsten Januar.

c. Wann ist bin dein Geburtstag?

d. Ich heiße Sonja. Mein Geburtstag ist am Jahre ersten Juli.

e. Mein Geburtstag ist am fünfzehnten heiße Juni.

f. Mein November Geburtstag ist am einunddreißigsten Mai.

8. Pak hem, Vervang hem: herschrijf het verkeerde woord.

***vb.** Mein Geburtstag ist am fünfzehnten <u>November</u>.*	*Januar*
a. Ich bin zwölf. Mein Geburtstag ist am zehnten März.	
b. Ich bin drei. Mein Geburtstag ist am zwanzigsten Juli.	
c. Mein Geburtstag ist am einunddreißigsten Oktober.	
d. Ich bin elf Jahre alt. Wann ist dein Geburtstag?	
e. Ich heiße Alex. Mein Geburtstag ist am dritten April.	
f. Ich heiße Lukas. Mein Geburtstag ist am vierten August.	
g. Ich heiße Nina. Mein Geburtstag ist am sechsten Mai.	

9. Luister, Vink of Kruis?

	✓	✗
***vb.** De verjaardag van Thomas is op 3 februari.*		
a. Silvia is 13 jaar oud.		
b. De verjaardag van Julia is op 7 juni.		
c. Laura is 15 jaar oud. Haar verjaardag is op 8 mei.		
d. De verjaardag van Bastian is op 17 november.		
e. De verjaardag van Dylan is op 18 oktober.		
f. De verjaardag van Christian is op 15 juli.		

H4. Ik kan zeggen wanneer mijn verjaardag is: LEZEN

1. Lettergrepen
Vertaal de zinnen door de cellen in de juiste volgorde te zetten.

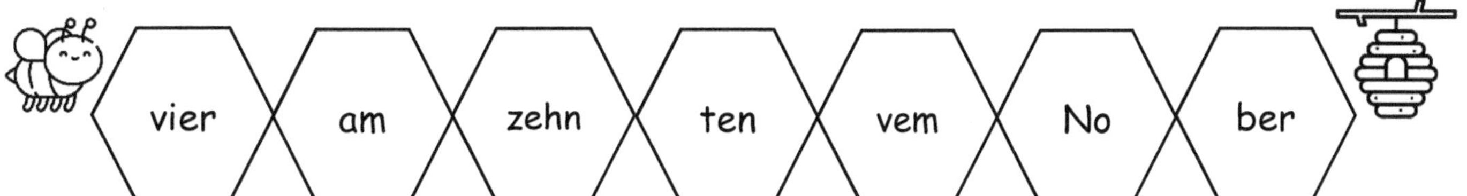

a. *op 14 november*

a__ v________________ N________________

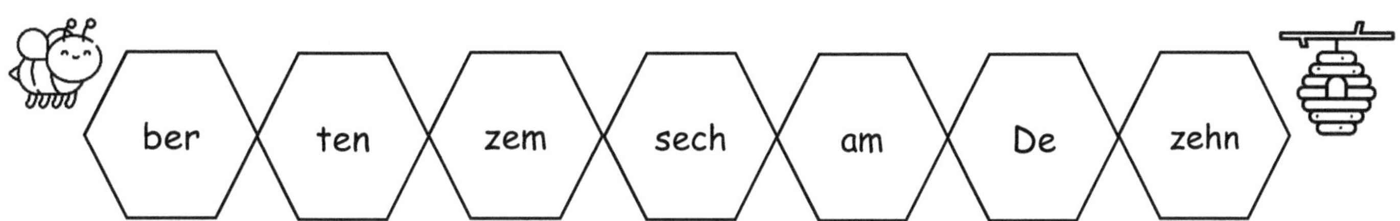

b. *op 16 december*

a__ s________________ D________________

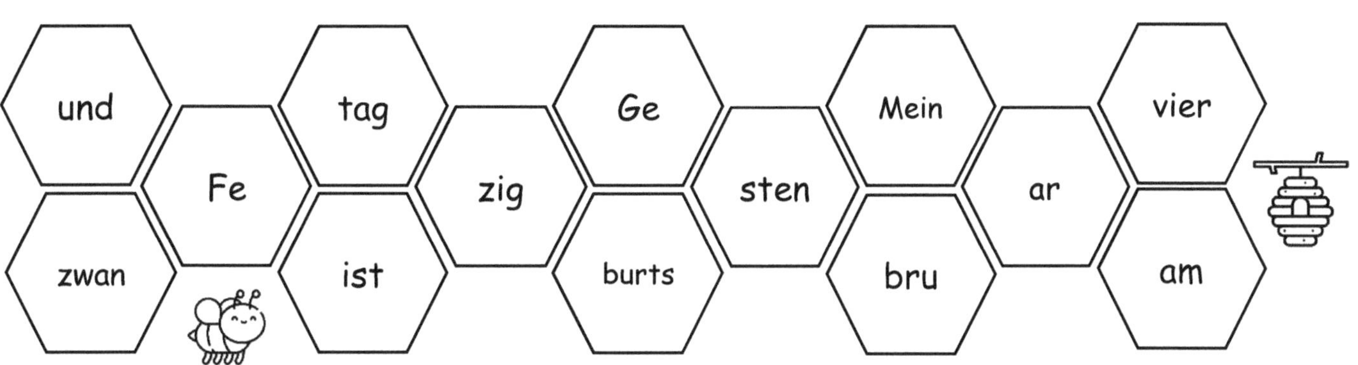

c. *Mijn verjaardag is op 24 februari.*

M___ G____________ i__ a__ v____________ F____________.

2. Goed of Fout

Lees onderstaande alinea's en antwoord daarna: Goed of Fout.

1. Hallo, ich heiße Sabine Müller. Mir geht's gut, weil ich glücklich bin. Ich bin sieben Jahre alt. Mein Geburtstag ist am neunzehnten September.

2. Hallo, ich heiße Micha Schäffer. Mir geht's schlecht, weil ich müde bin. Ich bin zehn. Mein Geburtstag ist am einundzwanzigsten April.

		Goed	Fout
1	**a.** Haar naam is **Sabine.**		
	b. Met haar gaat het goed, want ze is gelukkig.		
	c. Ze is 6 jaar oud.		
	d. Haar verjaardag is op 13 oktober.		
2	**a.** Zijn naam is **Thorsten.**		
	b. Het gaat niet goed met hem, omdat hij nerveus is.		
	c. Hij is 10 jaar oud.		
	d. Zijn verjaardag is op 22 april.		

3. Vink of Kruis

A. Zet een vink als je de woorden in de tekst vindt, of een kruis als je ze niet vindt.

Hallo, ich heiße **Anja.** Mir geht's gut, weil ich glücklich bin. Ich bin sieben Jahre alt. Mein Geburtstag ist am vierzehnten Februar.

	✓	✗
a. Ich heiße...		
b. zwölf Jahre		
c. Hallo,		
d. Mir geht's schlecht.		
e. Mein Geburtstag ...		
f. am siebten Februar		

Hallo, ich heiße **Bastian.** Mir geht's schlecht, weil ich traurig bin. Ich bin neun Jahre alt. Mein Geburtstag ist am vierundzwanzigsten Juli.

g. Ik ben 7 jaar oud.		
h. Mijn verjaardag...		
i. 24 juli		
j. omdat ik gelukkig ben		
k. Ik ben gestrest		

B. Vind het Duits in bovenstaande teksten.

a. Ik heet ______________________

b. Mijn verjaardag is ______________________

c. Ik ben 7 jaar oud ______________________

d. ...omdat ik gelukkig ben ______________________

4. Taal Detective

- Ich heiße **Fabian** Krause. Mir geht's sehr gut, weil ich glücklich bin. Ich bin zwölf Jahre alt. Mein Geburtstag ist am achtzehnten Februar.

- Guten Tag. Ich heiße **Lea** Klein. Mir geht's schlecht, weil ich gestresst bin. Ich bin dreizehn Jahre alt. Mein Geburtstag ist am vierten Mai.

- Hallo, ich bin **Timo** Schmidt. Mir geht's fantastisch, weil ich gut gelaunt bin. Ich bin vierzehn Jahre alt. Mein Geburtstag ist am elften Juli.

- Guten Morgen. Ich heiße **Silke** Heuer. Mir geht es so lala, weil ich müde bin. Ich bin zehn Jahre alt. Mein Geburtstag ist am dreißigsten Oktober.

A. Vind iemand die

a. 12 jaar oud is.

b. moe is.

c. gelukkig is.

d. op 11 juli geboren is.

e. 13 jaar oud is.

f. goed gehumeurd is.

g. op 18 februari geboren is.

B. Zet een kruis in het vak en onderstreep de juiste Duitse vertaling. Eén hoort er niet bij.

~~Ik heet~~	Ik ben 14 jaar oud	Met mij gaat het slecht
Goede-morgen	Mijn verjaardag	Hallo, ik ben
omdat ik gestrest ben	Met mij gaat het zo zo	30 oktober
Met mij gaat het heel goed	Hallo	Ik ben 11 jaar oud

H4. Ik kan zeggen wanneer mijn verjaardag is: SCHRIJVEN

1. Spelling

a. G__ __e__ M__ __gen, *Goedemorgen,*

b. M__ __n G__ __ __rtst__ __ *Mijn verjaardag*

c. am d__itt__n No__em__ __r. *op 3 november*

d. __m __ __nften Ap__ __l *op 5 april*

e. am drei__ __ __nten Ja__ uar *op 13 januari*

f. am f__ __fze__nten J__ __i *op 15 juli*

g. Ich b__n e__ __ Jahr__ al__. *Ik ben 11 jaar oud.*

2. Anagrammen

a. ma btensie toOkreb op 7 oktober

__ __

b. ma eivrznheten Agustu op 14 augustus

__ __

c. am tnefle zeDreebm op 11 december

__ __

d. am driegßitsen inuJ op 30 juni

__ __

3. Vertaling met gaten

Maak de vertaling compleet.

a. Ich bin sieben Jahre alt.	*Ik ben ________ jaar oud.*
b. Ich bin sechs Jahre alt.	*Ik ben ________ jaar oud.*
c. Ich bin nicht müde.	*Ik ben niet _____.*
d. Ich bin glücklich.	*Ik ben __________.*
e. am sechzehnten Februar	*op ___________ februari*
f. am dreiundzwanzigsten August	*op ___________ augustus*
g. Guten Abend,	*Goeden________,*

4. Gesplitste Zinnen

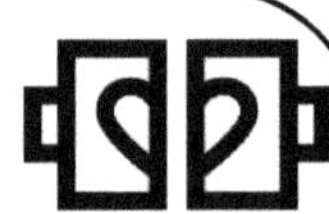

a. Ich heiße	1. am zwölften April.
b. Mir geht es	2. elf Jahre alt.
c. Ich bin	3. Andreas Müller.
d. Mein Geburtstag ist	4. ich müde bin.
e. Mir geht es so lala, weil	5. dein Geburtstag?
f. Wann ist	6. sehr gut.

a	b	c	d	e	f
3					

5. Bergbeklimmen

Begin onderaan, Kies een woordgroep van elke rij om onderstaande zinnen te vertalen.

	zwölften Januar.	am elften Juni.	Ich bin zehn.	fünften Juli.	am dritten Mai.
	Geburtstag ist am	Er ist am	Mein Geburtstag ist	März.	Mein Geburtstag ist
	am siebten	Jonas.	Geburtstag?	Jahre alt. Mein	Jahre alt.
	Ich heiße	Ich bin zwölf	Mein Geburtstag ist	Ich bin elf	Wann ist dein
	a.	**b.**	**c.**	**d.**	**e.**

a. Mijn naam is Jonas. Mijn verjaardag is op 3 mei.

____

b. Ik ben 12 jaar oud. Mijn verjaardag is op 11 juni.

____

c. Mijn verjaardag is op 7 maart. Ik ben 10.

____

d. Ik ben 11 jaar oud. Mijn verjaardag is op 5 juli.

____

e. Wanneer is jouw verjaardag? Het is op 12 januari.

____

6. Mozaïek Vertaling

Gebruik de woorden in het schema om je te helpen bij het vertalen van onderstaande zinnen.

a.	Ich bin dreizehn	Mein Geburtstag	Ich bin	dritten	Dezember.
b.	Wie alt	Jahre alt. Mein	ist am	zwölften	alt.
c.	Ich heiße Anja.	ist am ersten	Er ist am	sechzehn Jahre	April.
d.	Wann ist	bist du?	Geburtstag ist am	vierzehn	August.
e.	Mein Geburtstag	dein Geburtstag?	Oktober und ich bin	achten	Jahre alt.

a. Ik ben 13 jaar oud. Mijn verjaardag is op 8 april.

____

b. Hoe oud ben je? Ik ben 14 jaar oud.

____

c. Mijn naam is Anja. Mijn verjaardag is op 3 augustus.

____

d. Wanneer is jouw verjaardag? Het is op 12 december.

____

e. Mijn verjaardag is op 1 oktober en ik ben 16 jaar oud.

____

7. Zinnen Puzzel

Zet de woorden in de juiste volgorde.

a. ist Geburtstag Mein am September dreizehnten.

b. ist Wann Geburtstag dein?

c. April Mein Geburtstag am ist zwölften.

d. heiße Ich Timo neun und ich alt bin Jahre.

e. Mein Januar Geburtstag am neunzehnten ist.

f. am März Mein ist Geburtstag vierundzwanzigsten.

g. heiße Ich Sara ich bin Jahre vierzehn alt und.

h. heiße Fatima am ist dreißigsten Januar Ich Geburtstag und mein.

i. Wie Ich alt. Jahre bin sieben du? alt bist

8. Verwarde Vertaling

a. Schrijf de Duitse woorden in het Nederlands om de vertaling af te maken.

Hallo, **Ich heiße** Tim. **Mir geht's** goed, **weil ich** gelukkig **bin**. **Ich bin** tien **Jahre** oud. **Mein Geburtstag** is **am ersten** januari. Wanneer is **dein Geburtstag?**

b. Schrijf de Nederlandse woorden in het Duits om de vertaling af te maken.

Hallo, **mijn naam is** Jana. **Met mij gaat het** schlecht **omdat** ich **moe** bin. **Ik ben** elf **jaar oud**. **Mijn verjaardag** ist **op** achten Juli. Wann ist **jouw verjaardag?**

9. Vul in

a. Hallo, ich __________ Alexander. Mir geht's __________, weil ich gut gelaunt __________. Ich bin vierzehn ___________ alt. Mein Geburtstag ist am ___________ Oktober.

gut	fünfzehnten	Jahre	heiße	bin

b. Hallo, ich heiße Karin. Ich __________ neun Jahre alt. Mir geht es schlecht, _________ ich __________ bin. Mein Geburtstag _____ am zweiundzwanzigsten ______________.

traurig	ist	bin	Februar	weil

10. Begeleide Vertaling

a. I__ h____ S________ u___ i____ b____ e______ J_______ a_____.

Ik heet Silvia, en ik ben 11 jaar oud.

b. M___ g_______ g_______, w_______ i____ g__________ b______.

Met mij gaat het goed omdat ik gelukkig ben.

c. M___ g_______ n______ g______, w______ i_____ m________ b_____.

Met mij gaat het niet goed omdat ik moe ben.

d. M___ G_______________ i___ a___ f______________ A__________.

Mijn verjaardag is op 15 augustus.

e. W_______ i___ d___ G___________________?

Wanneer is jouw verjaardag?

11. Piramide Vertaling

Vertaal naar het Duits en begin bij de top. Schrijf de zinnen in onderstaand schema.

a. Hallo

b. Hallo, ik heet Jens.

c. Hallo, ik heet Jens. Ik ben 10 jaar oud.

d. Hallo, ik heet Jens. Ik ben 10 jaar oud. Mijn verjaardag is

e. Hallo, ik heet Jens. Ik ben 10 jaar oud. Mijn verjaardag is op 24 oktober.

a.
b.
c.
d.
e.

Geen slangen geen ladders

Hfd. 3-4

START	1 Ich heiße Jens.	2 Ich bin zwölf Jahre alt.	3 Hallo, wie geht's dir?	4 Mir geht's sehr gut.	5 Mir geht's so lala.	6 ...,weil ich müde bin.	7 Wie heißt du?
15 Mein Geburts-tag ist...	14 ..., aber ich bin nervös.	13 ..., weil ich entspannt bin.	12 Mir geht's fantas-tisch.	11 Ich bin zwölf Jahre alt.	10 Wie alt bist du?	9 Ich bin glücklich.	8 Ich bin nicht gestresst.
16 am zwanzig-sten Mai	17 am elften Juni	18 Wann ist dein Geburts-tag?	19 Ich bin nicht traurig.	20 Mir geht's schlecht.	21 am dritten Oktober	22 Ich bin neun Jahre alt.	23 Danke.
ZIEL	30 Hallo, mir geht's nicht gut.	29 Ich bin gut gelaunt.	28 Ich bin fünfzehn Jahre alt.	27 am dreißig-sten Januar	26 ..., weil ich ruhig bin.	25 Guten Tag, mir geht's so lala.	24 am sechsten Juli

Geen slangen geen ladders

START	1 Ik heet Jens.	2 Ik ben 12 jaar oud.	3 Hallo, hoe gaat het met jou?	4 Met mij gaat het heel goed.	5 Met mij gaat het zo zo.	6 … omdat ik moe ben.	7 Hoe heet jij?
15 Mijn verjaardag is …	14 …, maar ik ben nerveus.	13 … omdat ik ontspannen ben.	12 Met mij gaat het fantastisch.	11 Ik ben 12 jaar oud.	10 Hoe oud ben jij?	9 Ik ben gelukkig.	8 Ik ben niet gestrest.
16 op 20 mei	17 op 11 juni	18 Wanneer is jouw verjaardag?	19 Ik ben niet verdrietig.	20 Met mij gaat het slecht.	21 op 3 oktober	22 Ik ben 9 jaar oud.	23 Dank je.
ZIEL	30 Hallo, met mij gaat het niet goed.	29 Ik ben goed gehumeurd.	28 Ik ben 15 jaar oud.	27 op 30 januari	26 … omdat ik rustig ben.	25 Hallo, met mij gaat het zo zo.	24 op 6 juli

HOOFDSTUK 5

MEIN HAUSTIER

In dit hoofdstuk leer je hoe je in het Duits zegt:

- ✓ Wat voor huisdier je thuis hebt
- ✓ Wat voor kleur je huisdier is
- ✓ Wat zijn/haar naam is
- ✓ *Ich habe einen/eine/ein / du hast einen/eine/ein*
- ✓ *Ich habe keinen/keine/kein / du hast keinen/keine/kein*

Je herhaalt:

- ★ Je naam zeggen
- ★ Je leeftijd en verjaardag zeggen

Ich habe einen Hund.

Ich habe eine Katze.

HOOFDSTUK 5. Mein Haustier
Ik kan zeggen wat voor huisdieren ik heb

Hast du ein Haustier? *Heb jij een huisdier?*

Ich *Ik*	**habe** *heb*	**(k)einen** *(g)een*	**Fisch** *vis* **Hamster** *hamster* **Hund** *hond* **Papagei** *papegaai* **Pinguin** *pinguïn* **Vogel** *vogel*	**, der Benno heißt.** *die Benno heet.* **Er ist...** *Hij is*	**groß** *groot* **klein** *klein* **blau** *blauw* **braun** *bruin* **gelb** *geel* **grau** *grijs* **grün** *groen* **rosa** *roze* **rot** *rood*
Du *Jij*	**hast** *hebt*	**(k)eine** *(g)een*	**Katze** *kat* **Maus** *muis* **Schildkröte** *schildpad* **Spinne** *spin*	**, die Mitzi heißt.** *die Mitzi heet.* **Sie ist...** *Zij is*	
		(k)ein *(g)een*	**Pferd** *paard* **Kaninchen** *konijn* **Meerschwein** *cavia* **Huhn** *kip* **Schaf** *schaap*	**, das Franz heißt.** *die Franz heet.* **Es ist** *Het is*	

Ich habe keine Haustiere.
Ik heb geen huisdieren.

H5. Ik kan zeggen wat voor dieren ik heb: LUISTEREN

1. Luister en vul de ontbrekende klinker in

a e i o u

a. ein H__nd

b. ein Pf__rd

c. eine K__tze

d. ein F__sch

e. eine Sp__nne

f. ein Sch__f

g. ein V__gel

h. eine Ma__s

2. Luister en zet een vink bij het woord dat je hoort.

		1	2	3
a.	**Ich habe**	einen Fisch	einen Papagei	keinen Hund
b.	**Ich habe**	keine Katze	keine Spinne	eine Schildkröte
c.	**Ich habe**	kein Pferd	ein Kaninchen	kein Huhn
d.	**Hast du**	einen Pinguin?	einen Hamster?	keinen Fisch?
e.	**Hast du**	ein Schaf?	eine Maus?	ein Haustier?

3. Vul de ontbrekende lettergrepen uit onderstaand vak in.

a. ein Meerschwein_ _ _ _

b. ein _ _ninchen

c. eine Ka_ _ _

d. ein Vo_ _ _

e. ein _ _ _ster

f. eine Schild_ _ _te

g. ein Papa_ _ _

h. eine _ _ _ _ne

tze gel Ka gei chen Ham krö Spin

4. Vul de juiste verbuigingen in – *'Ich habe ...'*

a. ein_____ Hund.
b. ein_____ Katze.
c. ein_____ Pferd.
d. ein_____ Schildkröte.
e. ein_____ Schaf.
f. ein_____ Hamster.
g. ein_____ Pinguin.
h. ein_____ Meerschweinchen.
i. ein_____ Kaninchen.
j. ein_____ Fisch.

5. Schrijf het ontbrekende woord als je het hoort.

a. ein ________________
b. eine ________________
c. ein ________________
d. ein ________________
e. ein ________________
f. ein ________________
g. Er ist ________________.
h. Sie ist ________________.
i. ein ________________
j. Ich habe ein ____________.
k. Ich habe ___________ Maus.

6. Verkeerde Echo

Onderstreep het woord met de verkeerde klank.

a. Ich habe keinen Pinguin.
b. Ich habe ein Schaf. Es ist weiß.
c. Ich habe eine Maus. Sie ist klein.
d. Ich habe keine Katze.
e. Du hast ein Meerschweinchen.
f. Du hast ein Pferd. Es ist braun.
g. Ich habe kein Haustier.
h. Ich habe einen Vogel. Er ist grün.
i. Ich habe einen Fisch. Er ist groß.

7. Luister en kies de juiste spelling.

	1	2
a.	Ich hieße	Ich heiße
b.	Jahre	Jare
c.	Gens	Jens
d.	Ferd	Pferd
e.	Dutch	Deutsch
f.	fünf	funf
g.	grün	grun
h.	act	acht
i.	kein	keine
j.	Kanninchen	Kaninchen
k.	Fisch	Fish
l.	wieß	weiß

8. Vul het schema in met de juiste informatie in het Nederlands.

	Huisdier	Kleur
a.		
b.		
c.		
d.		
e.		
f.		

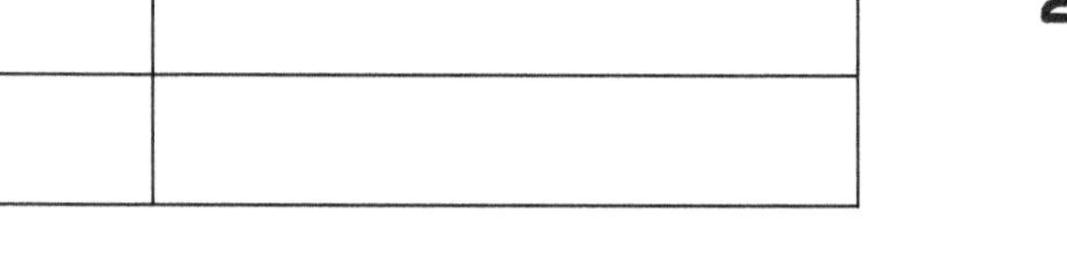

9. Vind de indringer

Vind in elke zin het woord dat de spreker NIET zegt.

a. Ich habe einen zwei Fisch und er ist grau.

b. Hast du ein Haustiere? Nein, ich habe keine Haustiere.

c. Du hast ein Pferd, das wie Rocky heißt. Es ist schwarz.

d. Ich habe einen Hund. Er ist braun und nicht groß.

e. Du hast keine Spinne, aber du hast eine keine Maus. Sie ist klein.

f. Ich habe einen Pinguin. Er ist grau weiß und er heißt Schnappi.

10. Vang het, Vervang het

Luister, vind het verschil tussen wat je hoort en de geschreven tekst en pas elke zin hierop aan.

vb. *Ich habe eine Maus. Sie ist weiß und klein.*	*Katze*
a. Du hast ein Kaninchen. Es ist groß und braun.	
b. Ich habe kein Huhn, aber ich habe einen Hund.	
c. Ich habe einen Vogel, aber ich habe keine Katze.	
d. Ich habe keinen Fisch, aber ich habe eine Spinne.	
e. Hast du ein Haustiere? Ja, ich habe einen Hund.	
f. Ich habe keine Katze, aber ich habe ein Pferd.	
g. Ich habe einen Papagei, der Susi heißt.	

11. Luister Slalom

Luister en kies de bijbehorende Nederlandse woorden uit elke kolom - trek een lijn terwijl je de spreker volgt.

vb. Ich habe eine Katze. Sie ist schwarz. - Ik heb een kat. Het is zwart.

Je kunt voor elke zin de vakjes met een andere kleur inkleuren en de zin in het Duits oplezen.

vb.	***Ik heb***		Hij is blauw.
a.	Jij hebt		***Hij is zwart.***
b.	Ik heb		Het is roze.
c.	Ik heb		Hij is wit.
d.	Jij hebt		Hij is bruin.
e.	Ik heb		Hij is grijs.
f.	Ik heb		Het is geel.

H5. Ik kan zeggen wat voor huisdieren ik heb: LEZEN

1. Lettergrepen

Lees en zet de lettergrepen in de cellen in de juiste volgorde.

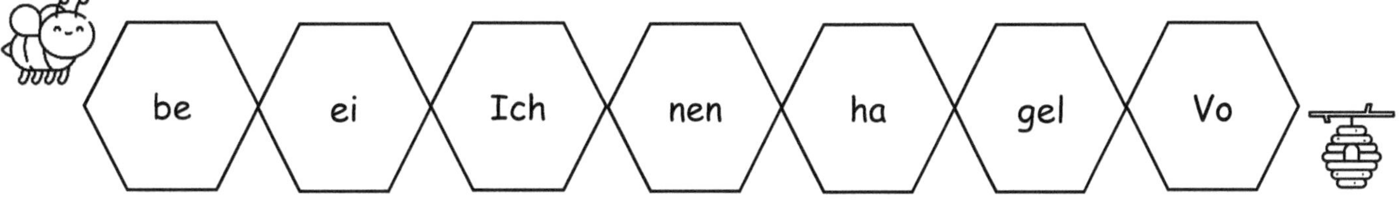

a. *Ik heb een vogel:* _____ _____ _______ _______.

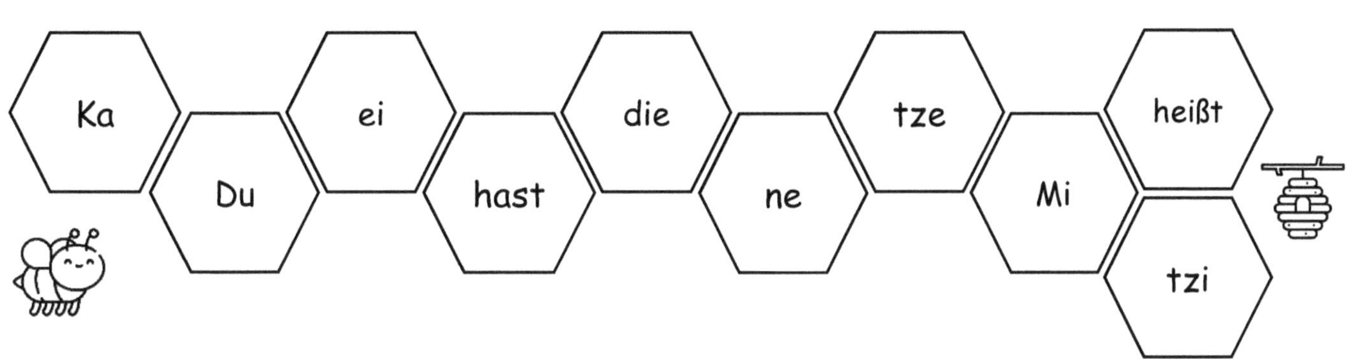

b. *Jij hebt een kat, die Mitzi heet:*

D_ h____ e____ K_____, d___ M_____ h_____.

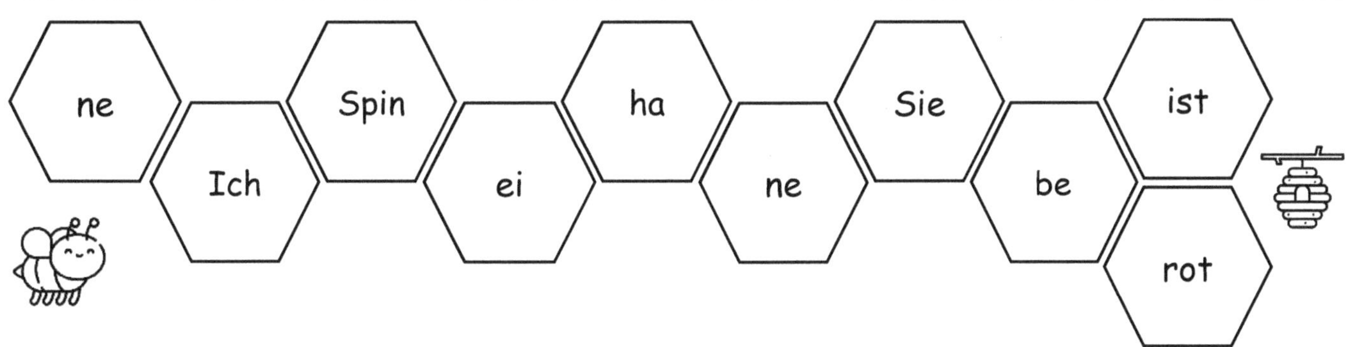

c. *Ik heb een spin. Het is rood:*

I__ h____ e____ S_______, s___ i___ r____.

2. Lees, Combineer, Vind en Kleur

A. Combineer deze zinnen met de afbeeldingen hierboven.

a. Ich habe ein Kaninchen. Es ist rosa.
b. Du hast eine Schildkröte.
c. Ich habe einen Pinguin. Er ist grau.
d. Ich habe kein Huhn.
e. Ich habe einen Fisch. Er ist gelb.
f. Ich habe einen Hund. Er ist weiß.
g. Du hast eine Katze. Sie ist klein.
h. Ich habe kein Schaf, das Mo heißt.
i. Ich habe einen Papagei. Er ist rot.
j. Ich habe ein Pferd. Es ist groß.

B. Vind in de zinnen van A het Duits voor:

a. een kip
b. Hij is geel.
c. ..., die Mo heet.
d. een schildpad
e. Hij is grijs.
f. Ze is klein.
g. Ik heb een pinguïn.
h. een paard
i. Jij hebt...
j. Ik heb geen...

3. Goed of Fout

Lees onderstaande alinea's en antwoord dan: Goed of Fout.

1. Hallo, ich heiße **Tobias** und ich bin zehn Jahre alt. Mein Geburtstag ist am fünften Juni. Ich habe ein Pferd, das Sky heißt. Es ist grau.

2. Hallo, ich heiße **Sandra** und ich bin acht Jahre alt. Mein Geburtstag ist am ersten Mai. Ich habe eine Katze, die Mitzi heißt. Sie ist weiß.

		Goed	Fout
1	**a. Tobias** is 10 jaar oud.		
	b. Zijn verjaardag is 4 juli.		
	c. Hij heeft een grijs paard.		
	d. Zijn huisdier heet Sky.		
2	**a. Sandra** is 7 jaar oud.		
	b. Haar verjaardag is op 3 maart.		
	c. Ze heeft een witte kat.		
	d. Haar kat heet Lola.		

4. Vink of Kruis

A. Lees de tekst. Zet een vinkje in het vakje als je de woorden in de tekst vindt. Zet een kruisje als je de woorden niet vindt.

- Hallo, ich heiße **Stefan.**

Ich bin elf Jahre alt. Mein Geburtstag ist am dritten Januar. Ich habe eine Katze, die Kitty heißt. Sie ist grau und weiß aber nicht groß. Hast du ein Haustier?

	✓	✗
a. Ik heet ...		
b. dertien jaar		
c. Ze is groot.		
d. een konijn		
e. een hond		
f. ..., die ... heet.		

- Hallo, ich heiße **Laura.**

Ich bin sieben Jahre alt. Mein Geburtstag ist am zwölften April. Ich habe ein Kaninchen, das Mani heißt. Es ist schwarz und grau. Es ist auch sehr klein.

g. Ik ben 7 jaar oud.		
h. Mijn verjaardag...		
i. zwart en bruin		
j. zwart en wit		
k. Ik heb een kat.		
l. Het is ook erg klein.		

B. Vind het Duits in bovenstaande teksten.

a. Mijn naam is ____________________

b. Mijn verjaardag is ____________________

c. Ze is niet groot. ____________________

d. Heb jij een huisdier? ____________________

e. Ik heb een konijn. Het is zwart. ____________________

5. Taal Detective

- Ich heiße **Jens.** Ich bin zwölf Jahre alt. Mein Geburtstag ist am zweiten Februar. Ich habe einen Papagei, der Pauli heißt. Er ist gelb. Ich habe keinen Hund.

- Ich heiße **Lea.** Ich bin elf. Mein Geburtstag ist am achten Januar. Ich habe eine Maus, die Mo heißt. Sie ist grau. Ich habe aber keinen Fisch.

- Hallo, ich heiße **Timo.** Ich bin sechs. Mein Geburtstag ist am ersten Juni. Ich habe einen Vogel, der Rico heißt. Es ist grün, aber nicht klein.

- Guten Tag, ich heiße **Mia.** Ich bin acht Jahre alt. Mein Geburtstag ist am dritten Mai. Ich habe ein Schaf, das Lucy heißt. Es ist braun und weiß.

A. Vind iemand die ...

a. 12 jaar oud is.

b. een groene vogel heeft.

c. een grijze muis heeft.

d. geboren is op 1 juni.

e. geen hond heeft.

f. in januari is geboren.

g. een schaap heeft.

h. 8 jaar oud is.

B. Zet een kruis in het vakje en onderstreep de bijbehorende Duitse vertaling. Eén wordt niet genoemd.

~~Ik heet~~	Hij is geel.	bruin en wit
Ik heb een schaap	Mijn verjaar-dag	Ik ben 7 jaar oud
die ... heet	Ik heb geen	2 februari
maar niet klein	3 mei	maar ik heb geen

H5. Ik kan zeggen welke huisdieren ik heb: SCHRIJVEN

1. Spelling

a. I__ __ h__ __ __ *Ik heb*

b. e__ __ __ K__ __ __ __ *een kat*

c. e__n P__ __ __ __ *een paard*

d. e__ __ __ S__ __ __ __ __ *een spin*

e. H__ __ __ d__ ... *Heb jij ...*

f. D__ h__ __ __ *Jij hebt*

g. e__ __ H__ __ __ __ __ __ __ *een huisdier*

2. Anagrammen

a. chI hbea ienne unHd. *Ik heb een hond.*

__ __ __ __ __ __ __ __ __ __ __ __ __ __ __ __ __ __ __

b. hIc beha eikne tzeKa. *Ik heb geen kat.*

__ __ __ __ __ __ __ __ __ __ __ __ __ __ __ __ __ __ __ __

c. Mien fShca ßhiet yucL. *Mijn schaap heet Lucy.*

__ __

d. sE tis wachszr dun iewß. *Het is zwart en wit.*

__ __

e. hcI ebah ien Kechnnain. *Ik heb een konijn.*

__ __

3. Vertaling met gaten

a. Ich bin sieben Jahre alt. — *Ik ben __________ jaar oud.*

b. Ich habe eine Katze. — *Ik heb een ____________.*

c. Ich habe keine Spinne. — *Ik heb geen __________.*

d. Du hast ein Pferd. — *___ hebt een ________.*

e. Ich habe ein Schaf, das Mau heißt. — *Ik heb een schaap ___ Mau ________.*

f. Ich habe ein Meerschweinchen. — *Ik _____ een _________.*

g. Hast du Haustiere? — *Heb ____ huisdieren?*

h. Ich habe keine Haustiere. — *Ik heb geen ________.*

i. Ich habe eine Schildkröte. — *Ik heb een __________________.*

4. Gesplitste Zinnen

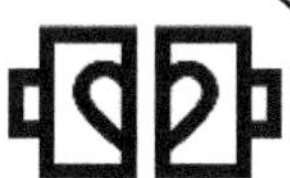

a. Ich habe einen — 1. weiß.

b. Er heißt — 2. Katze.

c. Ich habe ein — 3. Pferd.

d. Ich habe eine — 4. Benno.

e. Sie ist — 5. keine Haustiere.

f. Ich habe — 6. ein Haustier?

g. Hast du — 7. Hund.

a	b	c	d	e	f	g
7						

5. Bergbeklimmen

Begin onderaan, Kies een woordgroep van elke rij om onderstaande zinnen te vertalen.

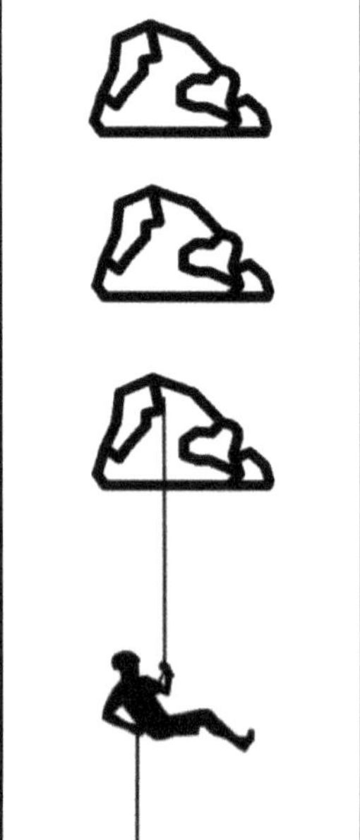

Schildkröte.	Huhn.	Rex.	groß.	heißt.
braun und	keine	die Mitzi	heißt	ein
habe	Hund	ist	hast	eine Katze,
Mein	Ich	Ich habe	Mein Pferd	Du
a.	**b.**	**c.**	**d.**	**e.**

a.	*Mijn hond heet Rex.*
b.	*Ik heb een kip.*
c.	*Ik heb een kat die Mitzi heet.*
d.	*Mijn paard is bruin en groot.*
e.	*Jij hebt geen schildpad.*

6. Mozaïek Vertaling

Gebruik de woorden in het schema om je te helpen bij het vertalen van onderstaande zinnen.

a.	Ich habe	Katze	Lucy	ich habe	heißt.
b.	Ich habe keine	ist	Er ist	schwarz und	einen Papagei.
c.	Mein Schaf	einen Pinguin.	Schildkröte	und es	braun.
d.	Mein Hund	heißt	groß	schwarz und	weiß.
e.	Ich habe	eine	, aber	, die Lulu	ist weiß.

a. *Ik heb een pinguïn.* Hij is zwart en wit.

____

b. *Ik heb geen kat, maar ik heb een papegaai.*

____

c. *Mijn schaap heet Lucy en het is wit.*

____

d. *Mijn hond is groot, zwart en bruin.*

____

e. *Ik heb een schildpad die Lulu heet.*

____

7. Zinnen Puzzel

Zet de woorden in de juiste volgorde.

a. habe Ich Hund einen. ____________________

b. du ein Hast Haustier? ____________________

c. hast keinen Du Papagei. ____________________

d. Ich eine habe Katze. ____________________

e. klein braun Sie ist und. ____________________

f. der Du hast heißt Mo Fisch, einen. ____________________

g. Meerschweinchen Ich ein habe. ____________________

h. Haustiere keine habe Ich. ____________________

i. Pferd Mein grau schwarz und ist. ____________________

8. Verwarde Vertaling

a. Schrijf de Duitse woorden in het Nederlands om de vertaling af te maken.

Hallo, **ich heiße** Thomas. Ik ben **sieben Jahre alt**. **Mein Geburtstag** is op **achtzehnten** juli. **Ich habe einen** hond, **der** Lola **heißt**. **Er ist** groot en wit.

b. Schrijf de Nederlandse woorden in het Duits om de vertaling af te maken.

Hallo, ich heiße Sonja. **Ik ben** neun **jaar oud**. Mein **verjaardag** ist am zwanzigsten **juni**. **Ik heb een vis,** der Nemo heißt. Er ist sehr **klein en blauw.**

9. Vul de gaten in

a. Hallo, ich ______ Bastian und ich bin zehn. Mein Geburtstag ist am ______ Juni. ________ ein Pferd, das Mo ______. Es ist ______.

heiße	Ich habe	fünften	grau	heißt

b. Hallo, ich heiße Lea. Ich bin _____ Jahre alt. Mein Geburtstag ist am ersten _______. Ich habe einen ______, ____ Kaiser heißt. _____ ist klein und ______.

Er	Hund	der	weiß	Januar	elf

10. Begeleide vertaling

a. I___ h_____ S______ u___ i___ b___ e____ J______ a___.
Ik heet Stefan, en ik ben 11 jaar oud.

b. I___ h____ e_____ K________, d___ S_____ h______.
Ik heb een konijn, die Susi heet.

c. I___ h_____ k_____ P_______, a_____ i___ h____ e___ H_______.
Ik heb geen papegaai, maar ik heb een kip.

d. I___ h_____ e______ H_______ u___ e_____ K______.
Ik heb een hond en een kat.

e. D___ h_____ k____ S__________, a___ d___ h____ e___ S______.
Je hebt geen schildpad, maar je hebt een spin.

f. I___ h_____ k____ M_______________.
Ik heb geen cavia.

11. Piramide Vertaling

Begin bij de top, vertaal de woordgroepen naar het Duits. Schrijf de zinnen in onderstaande tabel.

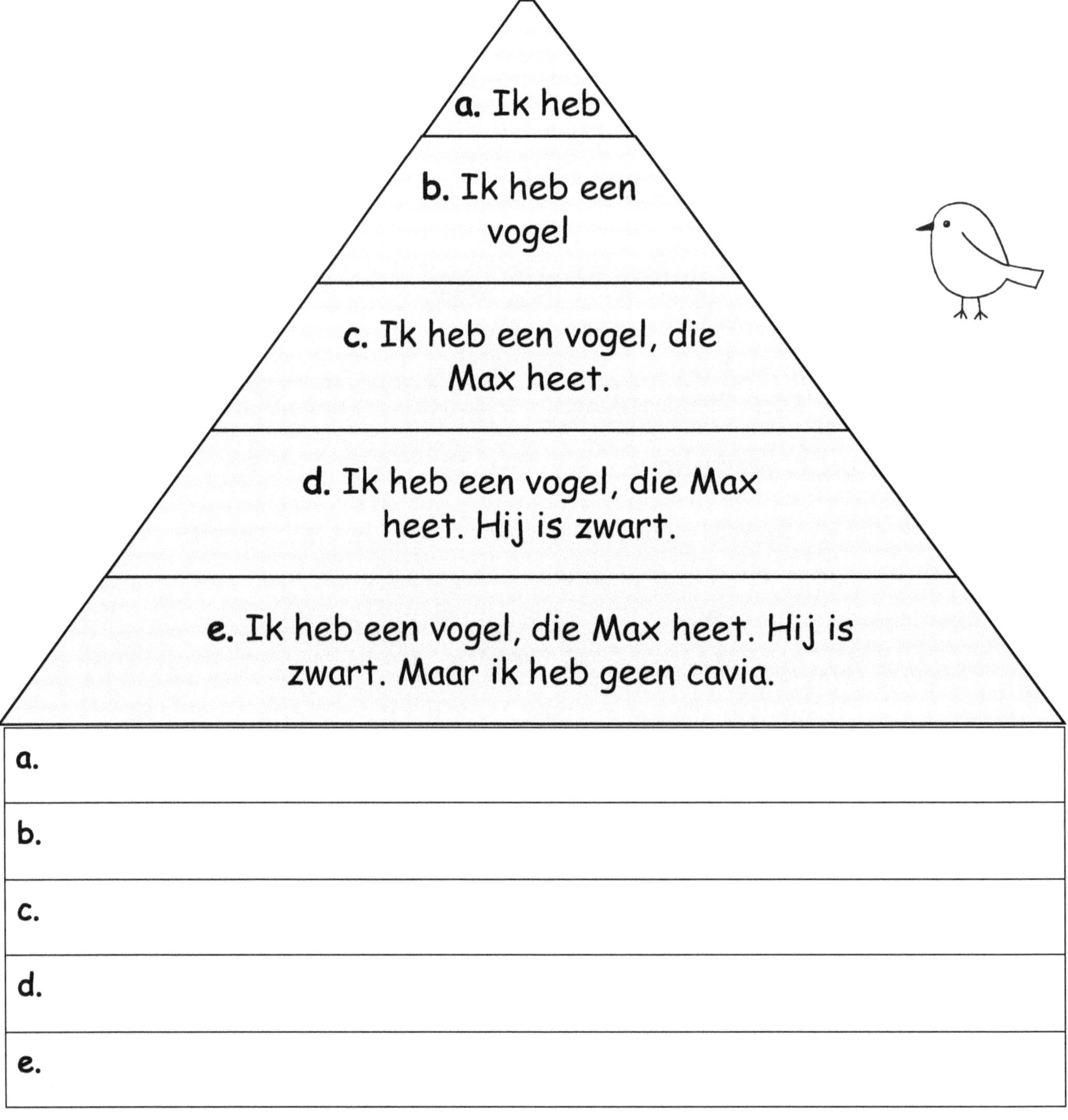

a.
b.
c.
d.
e.

12. Trapsgewijs vertalen

Begin bij de top, vertaal elke woordgroep naar het Duits.
Schrijf de zinnen in onderstaande tabel.

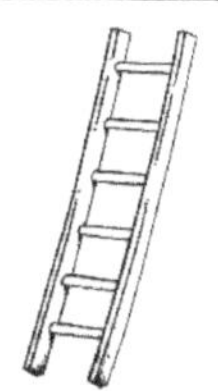

a.	Heb jij	een hond?				
b.	Ik heb	geen	schaap.			
c.	Jij hebt	een paard	die Sky	heet.		
d.	Ik heb	een kat en	een schildpad	maar geen	muis.	
e.	Ik heb	een vis en	een cavia	en jij	hebt een	pinguïn.

Antwoorden / Antwortes	
a.	
b.	
c.	
d.	
e.	

Uitdaging / Spezialaufgabe

Kun je 2 extra zinnen maken met de woorden in het trapschema?

☆	
☆	

HOOFDSTUK 6

MEINE SCHULTASCHE

In dit hoofdstuk leer je hoe je in het Duits zegt:

- ✓ Wat voor spullen je in je etui/schooltas hebt
- ✓ Wat voor kleur je schoolspullen hebben

Je herhaalt:

- ★ Hoe je gebruikt *Ich habe/du hast – werkwoord inversie*
- ★ *Es gibt einen/eine/ein/es gibt keinen/keine/kein*
- ★ Onbepaalde lidwoorden *einen/eine/ein*
- ★ Persoonlijke voornaamwoorden *er/sie/es*

Ich habe eine Federmappe. Sie ist weiß.

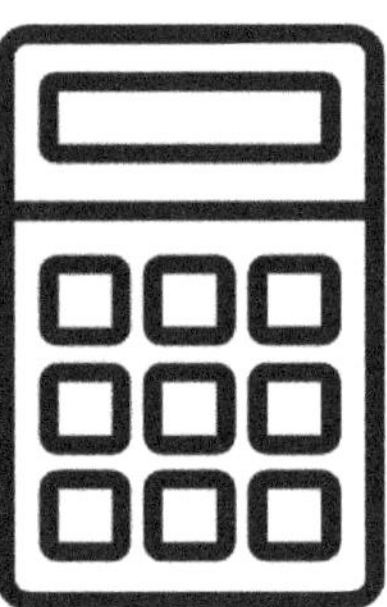

Ich habe einen Taschenrechner. Er ist rot.

HOOFDSTUK 6. MEINE SCHULTASCHE

Ik kan zeggen wat er in mijn schooltas zit

Was hast du in deiner Schultasche? *Wat heb jij in jouw schooltas?*
Was ist in deiner Federmappe? *Wat zit er in je etui?*

<table>
<tr>
<td rowspan="3">In meiner Schultasche
In mijn schooltas

*In meiner Federmappe
In mijn etui</td>
<td rowspan="3">habe ich
heb ik</td>
<td>(k)einen
(g)een</td>
<td>Bleistift potlood
Buntstift kleurpotlood
Klebestift plakstift
Kuli balpen
Ordner map
Radiergummi gum
Schülerkalender schoolagenda
Spitzer puntenslijper
Taschenrechner rekenmachine</td>
<td>Er ist
Hij is</td>
<td rowspan="3">blau blauw
braun bruin
gelb geel
grau grijs
grün groen
orange oranje
rosa roze
rot rood
schwarz zwart
weiß wit</td>
</tr>
<tr>
<td>(k)eine
(g)een</td>
<td>Schere schaar
Schreibtafel wisbordje</td>
<td>Sie ist
Zij is</td>
</tr>
<tr>
<td>(k)ein
(g)een</td>
<td>Buch boek
Heft schrift
Lineal lineaal</td>
<td>Es ist
Het is</td>
</tr>
<tr>
<td colspan="6">*Opmerking: de term 'die Federmappe/das Federmäppchen' wordt gebruikt in Duitsland terwijl de term 'das Federpennal' in Oostenrijk en das 'Etui' in Zwitserland wordt gebruikt.</td>
</tr>
</table>

H6. Ik kan zeggen wat er in mijn schooltas zit: LUISTEREN

1. Verkeerde Echo

Onderstreep het verkeerde woord.

vb. In meiner Tasche habe ich ein Buch.

a. In meiner Federmappe habe ich einen Kuli.

b. Was hast du in deiner Schultasche?

c. In meiner Tasche habe ich ein Heft.

d. In meiner Federmappe ist ein Lineal.

e. In meiner Federmappe habe ich ein Buch, einen Bleistift und eine Schere.

2. Luister en Combineer

a.	1.	
b.	2.	
c.	3.	
d.	4.	
e.	5.	
f.	6.	

3. Luister en vink het woord aan dat je hoort.

	1	2	3
vb.	*Ordner* ✓	*Taschenrechner*	*Heft*
a.	Schultasche	Kuli	Bleistift
b.	Schreibtafel	Federmappe	Schülerkalender
c.	Bleistift	Schere	Buntstift
d.	habe ich	Radiergummi	ist
e.	Klebstift	ist	ist kein

4. Vul het schema in met de juiste informatie in het Nederlands.

		Ding	Kleur
vb.	*Jens*	*Pen*	*Red*
a.	Julia		
b.	Heiko		
c.	Yavuz		
d.	Gabi		

5. Luister en vul de ontbrekende klinkers in.

o
u

a. ein Tasch__nrechn__r

b. ein B__ch

c. eine Sch__r__

d. ein __rdner

e. eine Schult__sche

f. ein Kl__bst__ft

g. ein B__ntst__ft

h. ein Spitz__r

i. eine F__derm__ppe

j. ein Line__l

6. Vul de ontbrekende lettergrepen uit onderstaand vak in.

a. ein _ _schenrechner

b. ein _ _ _ _stift

c. ein Ra_ _ _ _gummi

d. ein Ku_ _

e. eine Fe_ _ _mappe

f. eine Schul_ _sche

g. Ich habe eine _ _ _ _re.

h. ein _ _ _tzer

i. Was ist in _ _ _ner Tasche?

j. ein Line_ _

dier der Sche Ta Bunt al li Spi ta dei

7. Breek de stroom: Zet een streepje tussen woorden.

a. InmeinerFedermappehabeicheinenKlebstift.

b. InmeinerSchultascheisteinBuchundeinSchülerkalender.

c. WashastduindeinerSchultasche?IchhabeeinenBleistift.

d. InmeinerFedermappehabeichkeinenRadiergummi.

e. InmeinerSchultaschehabeichkeinenOrdner.

f. InmeinerFedermappehabeicheineSchere.Sieistblau.

8. Vind de indringer

Vind in elke zin de woorden die de spreker NIET zegt.

a. Was hast du in einer deiner Federmappe?

b. In meiner Federmappe habe ich du einen Bleistift und einen Buntstift.

c. In meiner deiner Federmappe habe ich keinen Kuli.

d. In meiner Federmappe habe ich einen Bleistift und keine eine Schere.

e. Was hast du ist in deiner Schultasche?

f. In meiner Schultasche habe ich kein Buch und ein kein Lineal.

g. In meiner Schultasche ist ein Heft. Es ist gelb und rot.

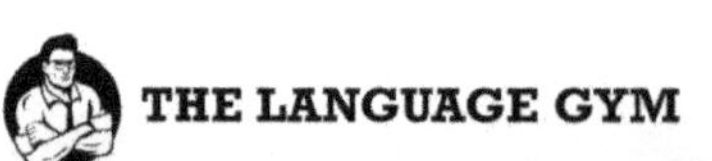

9. Vang het, Vervang het

Luister, vind het verschil tussen wat je hoort en de geschreven tekst en pas elke zin hierop aan..

vb. In meiner Tasche habe ich ein Heft.	*eine Federmappe*
a. In meiner Tasche habe ich einen Klebstift.	
b. In meiner Federmappe habe ich einen Kuli.	
c. In meiner Tasche ist ein Taschenrechner.	
d. In meiner Tasche habe ich keine Schreibtafel.	
e. In meiner Schultasche habe ich keinen Kuli.	
f. In meiner Tasche habe ich keinen Ordner.	
g. Ich habe ein Buch. Es ist blau.	

10. Zinnen bingo

Schrijf 4 van de zinnen in het bingoblok. Je hoort Duitse zinnen in een WILLEKEURIGE VOLGORDE. Vink alle 4 de zinnen aan om te winnen.

1. In meiner Tasche habe ich einen Kuli.
2. In meiner Tasche habe ich einen Taschenrechner.
3. In meiner Tasche habe ich kein Heft.
4. In meiner Schultasche ist eine Schreibtafel.
5. Ich habe einen Ordner. Er ist gelb.
6. In meiner Federmappe habe ich keinen Buntstift.
7. In meiner Schultasche habe ich keinen Spitzer.
8. Ich habe keinen Radiergummi.

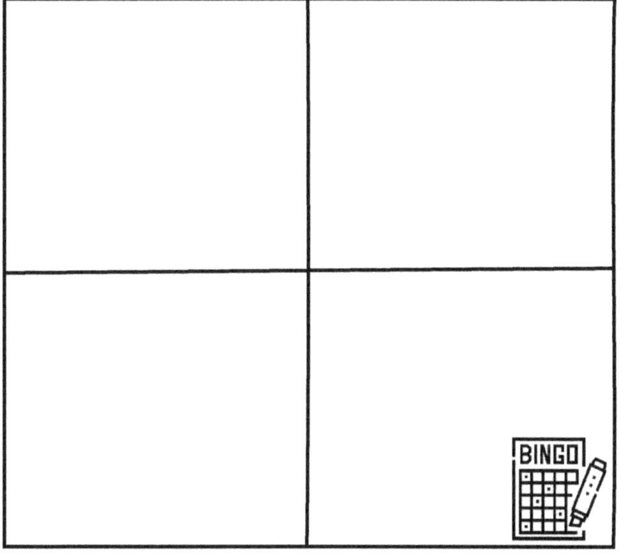

11. Luister Slalom

Luister en kies de corresponderende Nederlandse woorden uit elke kolom.
vb. *Ich habe einen Bleistift und einen Radiergummi.*

Waarschuwing: geslacht en persoonlijk voornaamwoord zijn op elkaar afgestemd!

Je hoort: *Ich habe einen Bleistift. (m.) Er ist blau.* - het persoonlijk voornaamwoord '**er** (hij)', betekent hier 'hij'. In het Duits moeten het geslacht van het zelfstandig naamwoord en het persoonlijk voornaamwoord op elkaar afgestemd zijn.

vb.	***Ik heb***	zit	rekenmachine	en hij is rood.
a.	In mijn etui	***een potlood***	maar ik heb een lineaal	***een gum.***
b.	In mijn schooltas	heb ik een lineaal	***en***	en een map.
c.	Ik heb een balpen	heb ik geen puntenslijper	een boek	in mijn etui.
d.	Ik heb geen	maar ik heb geen	en hij is	in mijn schooltas.
e.	In mijn etui	en een	ik heb	blauw.
f.	Ik heb een map	gum maar	schrift	een plakstift.

Uitdaging / Spezialaufgabe

Kun je de zinnen oplezen in het Duits? Je kunt een kleur/patroon gebruiken om de 3 delen van de zin te markeren!

H6. Ik kan zeggen wat er in mijn schooltas zit: LEZEN

1. Lettergrepen
Lees en zet de lettergrepen in de cellen in de juiste volgorde.

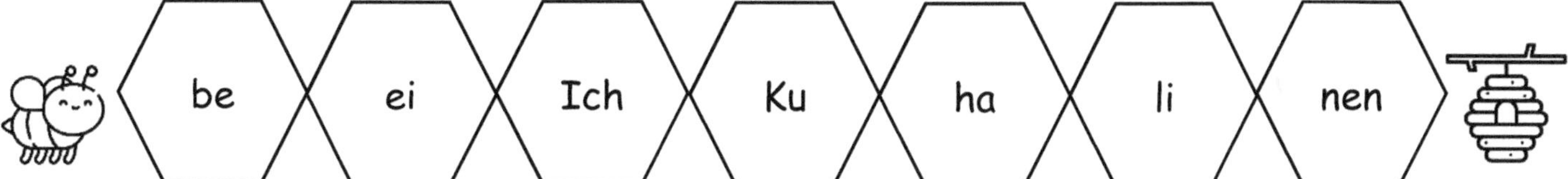

a. *Ik heb een balpen.*

I_____ h_______ e_____ K_______.

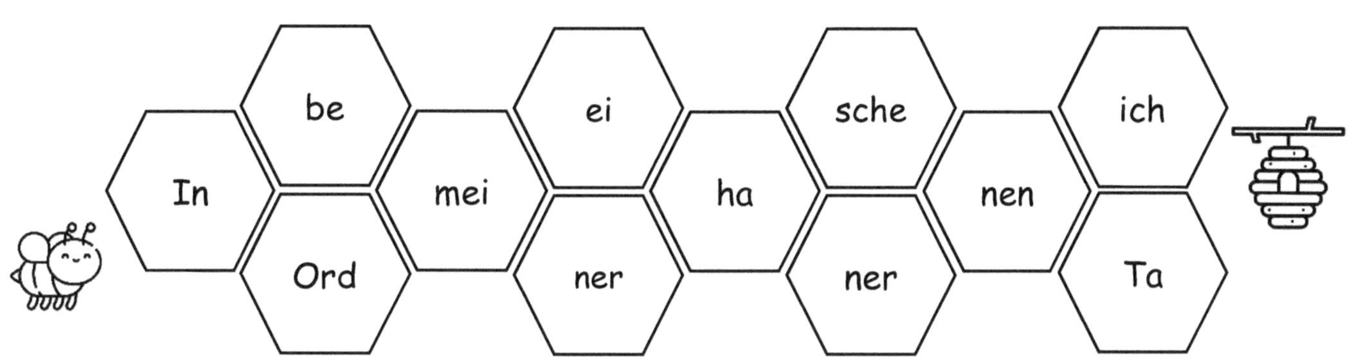

b. *In mijn tas heb ik een map.*

I__ m______ T______ h______ i___ e_____ O__________.

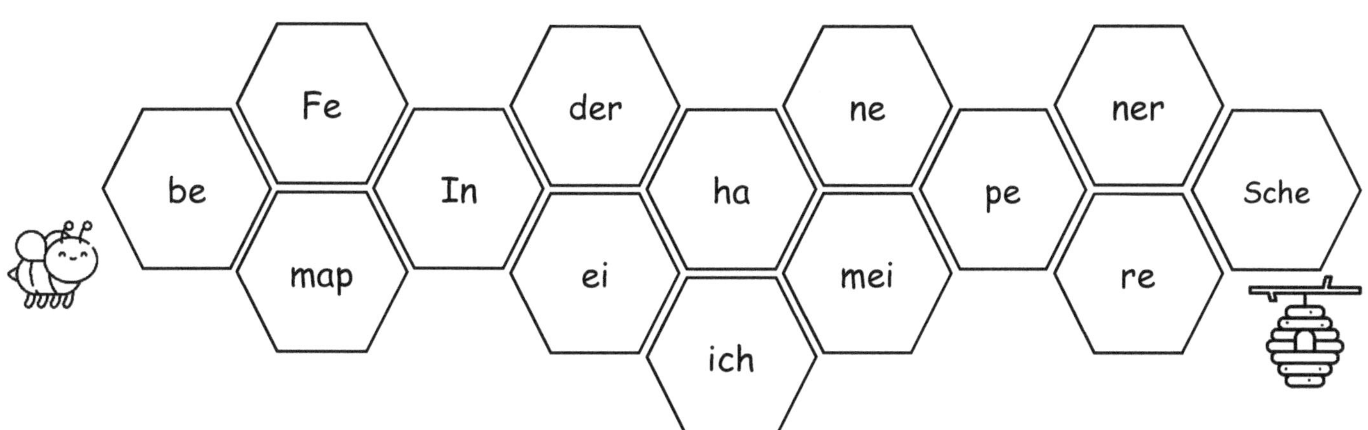

c. *In mijn etui heb ik een schaar.*

I__ m_____ F__________ h______ i____ e____ S________

2. Lees, Combineer, Vind en Kleur

A. Combineer deze zinnen met bovenstaande afbeeldingen.

a. In meiner Federmappe habe ich einen Bleistift.
b. Ich habe eine Schultasche. Sie ist rot.
c. In meiner Federmappe habe ich einen Radiergummi. Er ist blau.
d. Hast du einen Taschenrechner?
e. Ich habe einen Kuli. Er ist blau.
f. In meiner Tasche habe ich kein Buch.
g. Ich habe einen Spitzer.
h. In meiner Tasche habe ich ein Lineal.
i. Du hast einen Ordner. Er ist rosa.
j. Ich habe einen Schülerkalender.

B. Gebruik de zinnen in taak A om het Duits te vinden voor:

a. een puntenslijper
b. Ik heb een schooltas.
c. In mijn etui...
d. ... heb ik een lineaal.
e. ... heb ik geen
f. Ik heb een balpen.
g. Hij is rood.
h. Jij hebt...
i. Hij is roze.
j. een schoolagenda

3. Goed of Fout

A. Lees onderstaande alinea's en antwoord dan: Goed of Fout.

Hallo, ich heiße **Ingo** und ich bin elf Jahre alt. Mein Geburtstag ist am einundzwanzigsten Juli. Ich habe eine Katze und eine Schildkröte. In meiner Schultasche habe ich ein Buch und ein Heft. Es ist gelb. Ich habe aber kein Lineal.

Hallo, ich heiße **Amira** und ich bin neun. Mein Geburtstag ist am dritten Mai. Ich habe einen Hund, aber ich habe kein Pferd. In meiner Federmappe habe ich einen Bleistift und einen Kuli. Er ist grün. Ich habe aber keine Schere.

	Goed	Fout
a. **Ingo** is 11 jaar oud.		
b. Zijn verjaardag is op 13 juli.		
c. Hij heeft een hond en een kat.		
d. In zijn schooltas zit een boek.		
e. Hij heeft een roze map.		
f. Hij heeft geen lineaal.		
g. **Amira** is 10 jaar oud.		
h. Ze heeft een konijn, maar geen paard.		
i. In haar etui heeft ze een blauwe balpen.		
j. Ze heeft geen schaar.		

B. Vind in bovenstaande teksten het Duits voor:

a. Mijn verjaardag is

b. In mijn schooltas

c. Ik heb een hond

d. Het is geel

e. Ik heb geen schaar

f. een potlood

4. Vink of Kruis

A. Lees de teksten. Zet een vink in het vakje als je de woorden in de tekst vindt, zet een kruis als je de woorden niet in de tekst vindt.

a. Hallo, ich heiße **Maja.**

Ich bin dreizehn. Mein Geburtstag ist am achten Februar. Ich habe einen Fisch, der Ricky heißt. In meiner Tasche habe ich einen Ordner und einen Klebstift. Er ist gelb. Ich habe aber keine Schreibtafel.

b. Hallo, ich heiße **Jens.**

Ich bin acht. Mein Geburtstag ist am elften Juli. Ich habe ein Pferd aber keine Maus. In meiner Federmappe habe ich einen Kuli und ein Lineal, aber ich habe kein Heft.

	✓	✗
a. Ich bin dreizehn.		
b. am zwölften...		
c. In meiner Tasche...		
d. einen Ordner		
e. einen Bleistift		
f. Ich habe aber keine		

g. Ik ben 9 jaar oud.		
h. op 7 juni		
i. Ik heb een muis.		
j. In mijn etui...		
k. een balpen		
l. en een lineaal		

B. Vind het Duits in bovenstaande teksten.

a. op 8 februari ____________________

b. In mijn tas ____________________

c. geen wisbordje ____________________

d. een lineaal ____________________

e. Ik heb geen schrift ____________________

5. Taal Detective

- Ich heiße **Max.** Ich bin zehn Jahre alt. Mein Geburtstag ist am fünften März. Ich habe ein Pferd. Es ist braun. In meiner Schultasche habe ich ein Heft und ein Buch. Es ist rot. Ich habe aber keinen Ordner.

- Ich heiße **Elke.** Ich bin vierzehn. Mein Geburtstag ist am vierten Mai. Ich habe eine Katze. Sie ist klein. In meiner Federmappe habe ich ein Lineal und einen Kuli. Er ist blau. Ich habe aber keinen Klebstift.

- Hallo, ich bin **Martina.** Ich bin elf Jahre alt. Mein Geburtstag ist am ersten April. Ich habe eine Schildkröte. Sie ist groß. In meiner Tasche habe ich eine Schere und einen Kuli. Er ist rosa. Ich habe aber keine Schreibtafel.

A. Vind iemand die...

a. 14 jaar oud is.

b. een schrift heeft.

c. een blauwe balpen heeft.

d. een schaar heeft.

e. geen map heeft.

f. een schildpad heeft.

g. 10 jaar oud is.

B. Zet een kruis in het vak en onderstreep de bijbehorende Duitse vertaling. Eén vind je niet.

~~en een boek~~	een schildpad	op 1 april
een schrift	een konijn	Ik ben 11 jaar oud
geen wisbordje	Mijn verjaardag	In mijn schooltas
In mijn etui	geen plakstift	Zij is klein.

H6. Ik kan zeggen wat er in mijn schooltas zit: SCHRIJVEN

1. Spelling: "Ich habe..."

a.	e__ __	L__ __ __ __ __	*een lineaal*
b.	e__ __	__ __ __ __	*een boek*
c.	e__nen	__ __ __tzer	*een puntenslijper*
d.	einen	B__ __ __ __ __ __f__	*een potlood*
e.	ei__en	__ __d__ __ __	*een map*
f.	__in__	Sch__ __ __ __sche	*een schooltas*
g.	e__nen	K__ __b__ __ __ __ __	*een plakstift*

2. Anagrammen

a. chI beha nie ealinL. *Ik heb een lineaal.*

__ __ __   __ __ __ __   __ __ __   __ __ __ __ __ __

b. uD stah ieenn Kbleftist. *Jij hebt een plakstift.*

__ __   __ __ __ __   __ __ __ __ __   __ __ __ __ __ __ __ __ __

c. hcI bahe keeinn uilK. *Ik heb geen balpen.*

__ __ __   __ __ __ __   __ __ __ __ __ __   __ __ __ __

d. Du hsat ien hucB. *Jij hebt een boek.*

__ __   __ __ __ __   __ __ __   __ __ __ __

3. Vertaling met gaten

a. Ich habe einen Bleistift und einen Klebstift.

Ik heb een ______________ en een _________________.

b. In meiner Federmappe gibt es ein Lineal und einen Kuli. Er ist grün.

In mijn etui zit een _______ en een ________. Hij is ______.

c. Ich habe keine Schere, aber ich habe einen Radiergummi.

Ik heb geen _____________, maar ik heb een _________________.

d. Was hast du in deiner Schultasche? Ich habe ein Buch.

_____ heb jij in jouw __________? Ik heb een _________.

4. Gesplitste Zinnen

a. Ich habe	1. habe ich einen Bleistift.
b. In meiner Schultasche	2. eine Schere.
c. Ich habe eine	3. gibt es ein Buch.
d. Ich habe kein	4. in deiner Federmappe?
e. In meiner Federmappe	5. Heft.
f. Was hast du	6. Kuli. Er ist schwarz.
g. Ich habe einen	7. Schreibtafel. Sie ist weiß.

5. Bergbeklimmen

Begin onderaan, Kies een woordgroep van elke rij om onderstaande zinnen te vertalen.

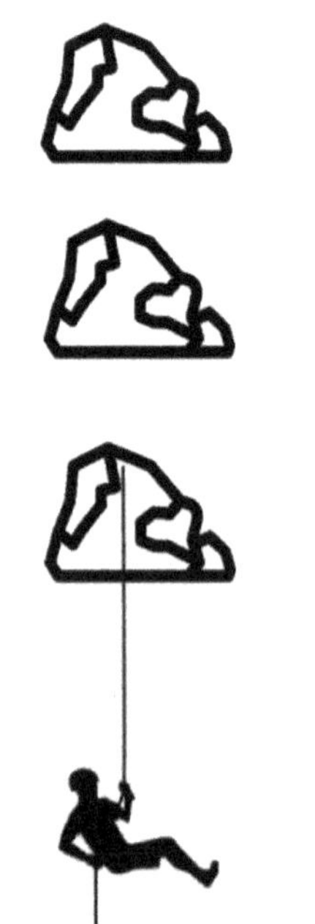

einen Buntstift.	Er ist grau.	kein Lineal.	einen Kuli.	einen Ordner.
und einen Bleistift.	ein Buch und	habe ich	aber ich habe	ich habe
Spitzer, aber	Feder-mappe	Klebstift,	einen Radiergummi	habe ich
In meiner	Ich habe keinen	Du hast	In meiner Schul-tasche	Ich habe einen
a.	**b.**	**c.**	**d.**	**e.**

a. In mijn etui heb ik een balpen.

____

b. Ik heb geen plakstift, maar ik heb een map.

____

c. Jij hebt een gum en een potlood. Hij is grijs.

____

d. In mijn schooltas heb ik een boek en een kleurpotlood.

____

e. Ik heb een puntenslijper, maar ik heb geen lineaal.

____

6. Mozaïek Vertaling

Gebruik de woorden in het schema om je te helpen bij het vertalen van onderstaande zinnen.

a.	In meiner	Taschen-rechner	habe ich einen	Ich habe	Radier-gummi.
b.	Ich habe einen	Schul-tasche	in	Er ist	Feder-mappe.
c.	In meiner	in deiner	einen Bleistift	Spitzer und einen	ein Buch.
d.	Was hast du	Kuli und	Schul-tasche?	meiner	Ordner.
e.	Ich habe keinen	Feder-mappe	gibt es	einen	grün.

a. *In mijn schooltas zit een map.*

____

b. *Ik heb een balpen en een potlood. Hij is groen.*

____

c. *In mijn etui heb ik een puntenslijper en een gum.*

____

d. *Wat heb jij in je schooltas? Ik heb een boek.*

____

e. *Ik heb geen rekenmachine in mijn etui.*

____

7. Zinnen Puzzel

Zet de woorden in de juiste volgorde.

a. Schultasche In Buch habe ist meiner ein ich Es grün.

In mijn schooltas heb ik een boek. Het is groen.

b. in du deiner hast Was Federmappe?

Wat heb jij in je etui?

c. In ein Lineal gelb gibt Es meiner es Federmappe ist.

In mijn etui zit een lineaal. Het is geel.

d. aber einen kein Lineal gibt es In Federmappe meiner es Kuli, gibt.

In mijn etui zit een balpen maar er is geen lineaal.

8. Verwarde Vertaling

a. Schrijf de Duitse woorden in het Nederlands.

Hallo, **ich heiße** Jakob. **Ich bin** negen jaar oud. Mijn verjaardag **ist am sechsten** januari. Ik heb **einen Hund, der** Kaiser **heißt.** Hij is **braun.** In mijn etui heb ik **einen Radiergummi** en een lineaal. Het is **rot. Ich habe** geen **Schere**.

b. Schrijf de Nederlandse woorden in het Duits.

Guten Tag, **mijn naam is** Ella. **Ik ben** elf. Mein Geburtstag **is op 15 mei**. Ich habe **een paard,** das Sky heißt. Es ist **wit. In mijn schooltas heb ik** ein Buch und **een schrift. Hij is** gelb. Ich habe aber **geen map.**

9. Vul de gaten in

a. Hallo, ich heiße Jens und ich ______ elf Jahre alt. Mein Geburtstag ist am __________ Juni. In meiner ___________ habe ich einen __________, einen Kuli und ________ Radiergummi. Er ist ________.

zweiten	Bleistift	bin	einen	Federmappe	rosa

b. Hallo, _____ heiße Claudia. Ich habe ein ________. Es ist grau. In meiner Schultasche ___________ ein Buch, einen ______________ und ein Heft. Es ist _______. Ich habe aber keinen _____________.

Buntstift	habe ich	Ordner	ich	gelb	Kaninchen

10. Begeleide vertaling

a. I__ m_____ S___________ h______ i___ e____ H_________.

In mijn schooltas heb ik een schrift.

b. I__ m_____ F_________ h____ i___ e__ B_______. E__ i___ b____.

In mijn etui, heb ik een potlood. Hij is blauw.

c. I__ h_____ k_____ R____________ i__ m_______ F______________.

Ik heb geen gum in mijn etui.

d. I___ h_______ k_____ L_______ a_____ i___ h_______ e_____ B_______.

Ik heb geen lineaal, maar ik heb een boek.

e. I___ h_____ e_____ F___________ i__ m________ S_______________.

Ik heb een etui in mijn schooltas.

11. Piramide Vertaling

Begin bij de top, Vertaal elke woordgroep naar het Duits. Schrijf de zinnen in onderstaande tabel.

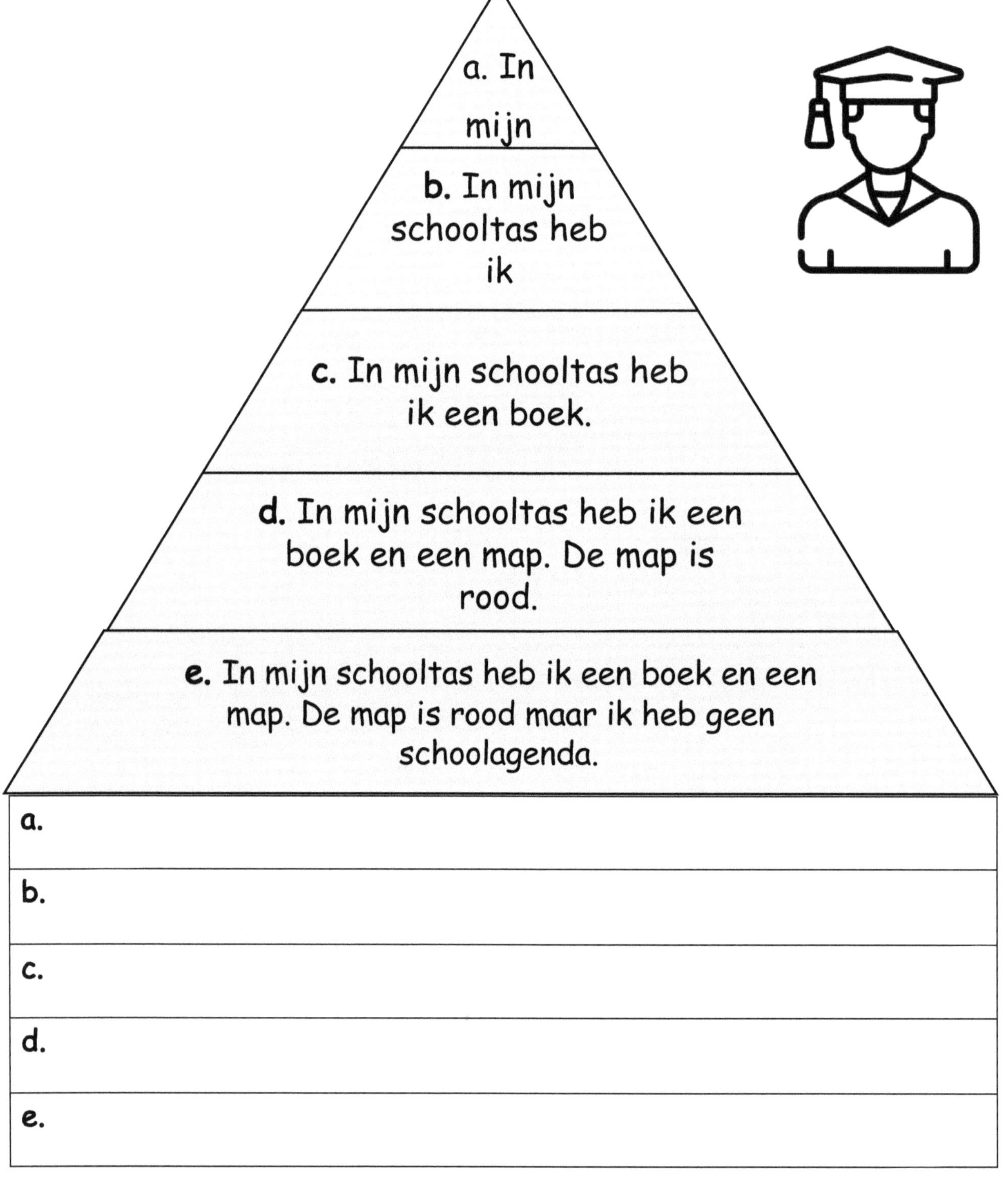

a.
b.
c.
d.
e.

12. Trapsgewijs vertalen

Begin bij de top, vertaal elke woordgroep naar het Duits. Schrijf de zinnen in onderstaande tabel.

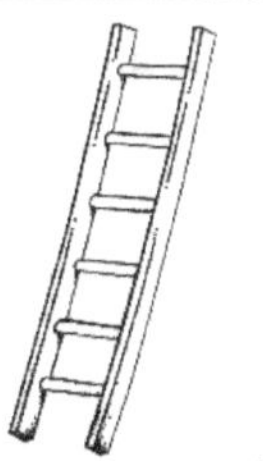

a.	Ik heb een	balpen.				
b.	Wat	heb jij	in jouw schooltas?			
c.	In mijn etui	heb ik	een potlood	en een lineaal.		
d.	Ik heb geen	gum	maar ik heb een	puntenslijper en hij	is grijs.	
e.	In mijn schooltas	heb ik geen	boek	maar ik heb	een reken-machine	en een map.

Antwoorden / Antworten

a.	
b.	
c.	
d.	
e.	

Uitdaging / Spezialaufgabe

Kun je 2 extra zinnen maken met behulp van de woorden in het trapschema?

☆	
☆	

Hfd. 5-6

Geen Slangen Geen Ladders

START	1 Ich habe eine Katze.	2 Ich habe ein Pferd.	3 Ich habe ein Lineal.	4 in meiner Feder- mappe	5 Hast du ein Haustier?	6 Ich habe keine Haustiere.	7 eine Schild- kröte
15 ein Meer- schwein- chen	14 Ich habe eine Feder- mappe.	13 ein Kaninchen - es ist groß	12 eine Schere - sie ist rot	11 eine Maus - sie ist grau	10 Ich habe keinen Pinguin.	9 Ich habe einen Schüler- kalender.	8 ein Schaf - es ist weiß
16 Du hast einen Papagei.	17 Ich habe keinen Kuli.	18 Ich habe einen Hund.	19 in meiner Schul- tasche	20 ein Fisch - er ist blau	21 Ich habe einen Radier- gummi.	22 Ich habe einen Bleistift.	23 ..., der Paul heißt
ZIEL	30 Du hast eine Spinne.	29 ein Vogel - er ist gelb	28 Ich habe ein Heft.	27 Ich habe keinen Ordner.	26 Ich habe keinen Klebstift.	25 Ich habe keinen Taschen- rechner.	24 Ich habe ein Buch.

Geen Slangen Geen Ladders

Hfd. 5-6

START	1 Ik heb een kat.	2 Ik heb een paard.	3 Ik heb een lineaal.	4 in mijn etui	5 Heb jij een huisdier?	6 Ik heb geen huis-dieren.	7 een schildpad
15 een cavia	14 Ik heb een etui.	13 een konijn - het is groot	12 een schaar - hij is rood	11 een muis - hij is grijs	10 Ik heb geen pinguïn.	9 Ik heb een school-agenda.	8 een schaap - het is wit
16 Jij hebt een papegaai.	17 Ik heb geen balpen.	18 Ik heb een hond.	19 in mijn schooltas	20 een vis - hij is blauw	21 Ik heb een gum.	22 Ik heb een potlood.	23 ..., die Paul heet
ZIEL	30 Jij hebt een spin.	29 een vogel - hij is geel	28 Ik heb een schrift.	27 Ik heb geen map.	26 Ik heb geen plakstift.	25 Ik heb geen reken-machine.	24 Ik heb een boek.

HOOFDSTUK 7

WOHER KOMMST DU?

In dit hoofdstuk leer je:

- ✓ Vertellen waar je vandaan komt
- ✓ Zeggen welke talen je spreekt
- ✓ Het gebruik van *ich komme (nicht) aus/ du kommst (nicht) aus*
- ✓ *Ich spreche kein+*taal/ *du sprichst kein+*taal
- ✓ *Ich spreche (nicht)+*bijwoord
- ✓ Het gebruik van enkele voegwoorden

Je herhaalt:

- ★ Je leeftijd en verjaardag vertellen
- ★ Praten over je huisdieren

Woher kommst du?

Ich komme aus Deutschland.

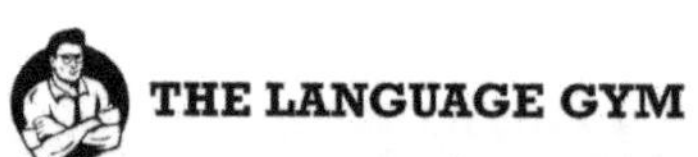

HOOFDSTUK 7. WOHER KOMMST DU?

Ik kan zeggen waar ik vandaan kom en welke talen ik spreek

Woher kommst du? *Waar kom je vandaan?*
Welche Sprachen sprichst du? *Welke talen spreek je?*

<table>
<tr>
<td rowspan="3">**Ich komme aus
Ik kom uit

Ich komme nicht aus
Ik kom niet uit</td>
<td rowspan="3">China
Deutschland
Duitsland
England
Frankreich
Frankrijk
Irland
Ierland
Italien
Italië
den Niederlanden
Nederland
Österreich
Oostenrijk
Schottland
Schotland
der Schweiz
Zwitserland
der Slowakei
Slowakije
Spanien
Spanje
Wales</td>
<td rowspan="3">und
en

, aber
maar</td>
<td>ich spreche
ik spreek</td>
<td>ein bisschen
een beetje

sehr gut
heel goed</td>
<td rowspan="3">Chinesisch
Chinees
Deutsch
Duits
Englisch
Engels
Französisch
Frans
Italienisch
Italiaans
Niederländisch
Nederlands
Portugiesisch
Portugees
Slowakisch
Slowaaks
Spanisch
Spaans
Walisisch
Welsh</td>
</tr>
<tr>
<td>ich spreche nicht
ik spreek niet</td>
<td>sehr gut
heel goed</td>
</tr>
<tr>
<td colspan="2">ich spreche kein
Ik spreek geen</td>
</tr>
</table>

H7. Waar ik vandaan kom & talen die ik spreek: LUISTEREN

1. Gesplitste Zinnen Luister en combineer.

a. Ich komme	1. kommst du?
b. Ich spreche	2. aus China.
c. Ich komme	3. England.
d. Ich spreche kein	4. nicht aus Deutschland.
e. Woher	5. sprichst du?
f. Ich komme aus	6. heißt du?
g. Welche Sprachen	7. Französisch.
h. Wie	8. Deutsch.

2. Verkeerde Echo

Onderstreep het foute woord.

vb. Ich komme aus Italien.

a. Ich komme aus China.

b. Ich komme aus Österreich.

c. Ich spreche Deutsch.

d. Ich komme aus England.

e. Ich spreche Englisch und Französisch.

f. Ich spreche Slowakisch.

g. Ich spreche gut Chinesisch.

3. Luister en vink het woord aan dat je hoort. ✓

	1	2	3
a.	England	Englisch	Französisch
b.	Deutsch	Chinesisch	ich spreche
c.	Spanien	Spanisch	ich komme
d.	China	Chinesisch	nicht
e.	Italien	Ich komme aus	Italienisch

4. Vul het schema in met de juiste informatie in het Nederlands.

		Land	Taal
a.	Pierre		
b.	Sonja		
c.	Susan		
d.	Cristiano		

5. Luister en vul de ontbrekende letters in.

a. Ich komme a__s Deutschl__nd.

b. I__h k__mme aus Österr__ich.

c. Ich spre__he g__t Englisch.

d. Ich __preche kein Sp__nisch.

e. Ich spr__che a__ch De__tsch.

f. Spr__chst du Chin__sisch?

g. Ich k__mme aus Irl__nd.

h. Ich sprech__ Franz__sisch.

i. Ich komme aus d__r Schwe__z.

j. Spri__hst du Itali__nisch?

6. Vul de ontbrekende lettergrepen uit onderstaand vak in.

a. Ich spre_ _ _ Chinesisch.

b. Ich spreche _ _ _lisch.

c. Ich komme aus _ _land.

d. Ich spreche _ _ _nisch.

e. Sprichst du _ _ _ _sisch?

f. Ich komme aus _ _ _ _ _ _ _ _land.

g. Ich komme aus Frank _ _ _ _ _.

h. Ich spreche ein bisschen _ _ _nesisch.

i. Ich spreche nicht sehr gut _ _ _lienisch.

j. Ich spreche auch _ _ _ wakisch.

7. Breek de stroom: Zet een streep tussen de woorden.

a. IchsprecheEnglischundauchItalienisch.

b. IchkommeausDeutschland,aberichsprecheEnglisch.

c. IchkommeausChinaundichsprecheeinbisschenDeutsch.

d. IchsprecheFranzösisch,aberkeinPortugiesisch.

e. IchsprechesehrgutEnglischundFranzösisch.

f. WelcheSprachensprichstdu?IchsprecheSlowakisch.

8. Vind de Indringer

Vind in elke zin het woord dat de spreker NIET zegt.

a. Ich spreche Englisch, Spanisch, aber ich komme nicht aus England.

b. Ich komme aus Italien und ich spreche kein ein bisschen Chinesisch.

c. Ich spreche Deutsch, aber auch ich komme aus Spanien.

d. Sprichst du Deutsch? Deutsch, und ein bisschen bin Französisch.

e. Ich spreche nicht kein Walisisch, aber ich spreche Englisch.

f. Ich komme aus Portugal. Ich spreche Portugiesisch Italienisch.

9. Vang het, Vervang het

Luister, vind het verschil tussen wat je hoort en de geschreven tekst en pas elke zin hierop aan.

a. Ich komme aus England und ich spreche gut Deutsch.	*Chinesisch*
b. Ich komme aus Österreich, aber ich spreche kein Englisch.	
c. Ich komme aus Wales und ich spreche gut Walisisch.	
d. Ich komme aus Amerika und spreche ein bisschen Spanisch.	
e. Ich komme aus Schottland und ich spreche Deutsch.	
f. Ich komme aus China, aber ich spreche nicht gut Italienisch.	

10. Zinnen bingo

Schrijf 4 van de zinnen in het bingoblok. Je hoort Duitse zinnen in WILLEKEURIGE VOLGORDE. Vink alle 4 zinnen aan om te winnen.

1. Ich spreche sehr gut Walisisch.
2. Ich spreche kein Deutsch.
3. Ich komme aus Irland.
4. Ich spreche Französisch, aber kein Portugiesisch.
5. Ich spreche Englisch aber kein Spanisch.
6. Ich spreche ein bisschen Chinesisch.
7. Ich komme aus England.
8. Ich spreche sehr gut Portugiesisch.
9. Ich komme aus Österreich.
10. Ich komme aus der Schweiz und spreche sehr gut Italienisch.

11. Luister Slalom

Luister in het Duits en kies de corresponderende Nederlandse woorden uit elke kolom.

vb. Ich komme aus Österreich, aber ich spreche kein Französisch.

Kleur de vakjes in en gebruik voor elke zin een andere kleur.

vb.	***Ik kom uit***	Ik kom uit	maar ik spreek geen	en ik spreek Duits.
a.	Ik heet Stefano	***Oostenrijk, maar***	Engels	Duitsland.
b.	Hallo	Engeland	***Ik spreek***	Frans.
c.	Ik kom	ik spreek Spaans	Italië maar	***geen Frans.***
d.	Ik spreek	uit Spanje	maar ik kom uit	Ik spreek Portugees.
e.	Ik spreek	een beetje Chinees	en ik spreek een beetje	Engels.
f.	Ik kom niet uit	niet heel goed	Ik kom uit Liechtenstein	maar ik spreek Italiaans.

H7. Waar ik vandaan kom & talen die ik spreek: LEZEN

1. Lettergrepen

Lees en zet de lettergrepen in de cellen in de juiste volgorde.

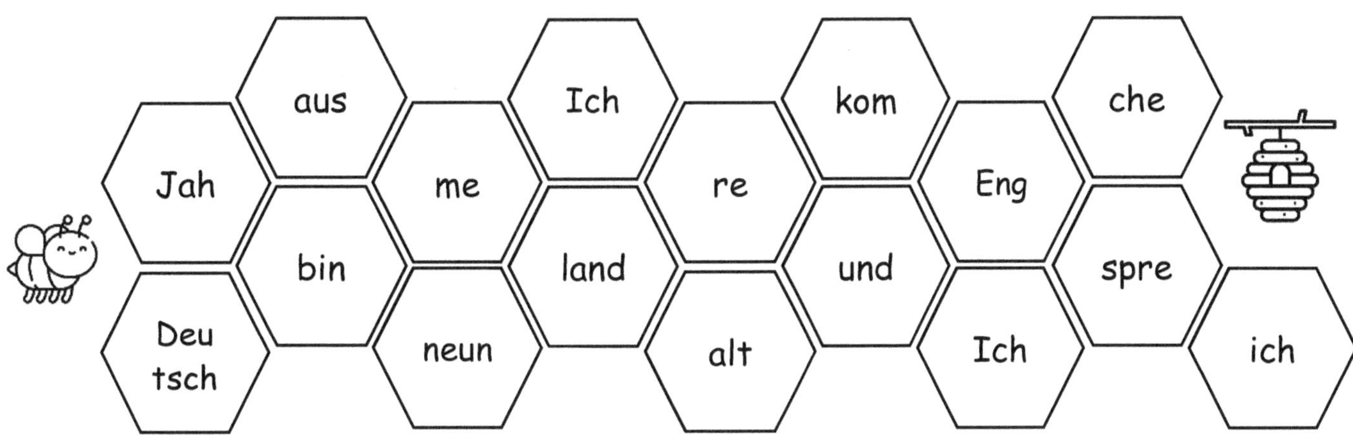

a. *Ik ben negen jaar oud. Ik kom uit Engeland en ik spreek Duits.*

I___ b___ n____ J_____ a___. I___ k______ a___ E________ u___ i____ s_______ D________.

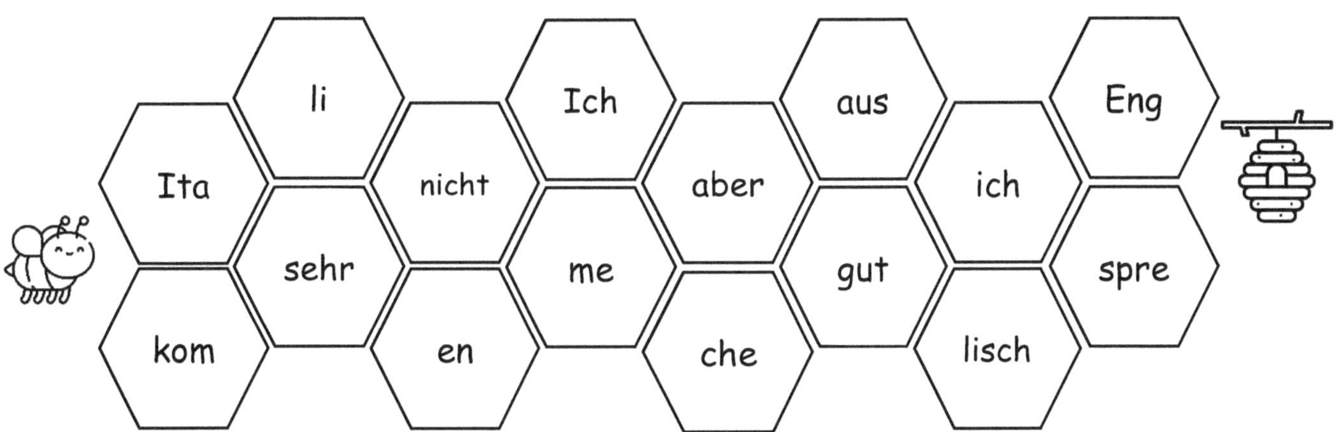

b. *Ik kom uit Italië, maar ik spreek niet heel goed Engels.*

I__ k______ a___ I________, a_____ i__ s_______ n_____ s_____ g_____ E__________.

2. Goed of Fout

A. Lees onderstaande alinea's en antwoord dan: Goed of Fout.

Hallo, ich heiße **Dylan**. Ich bin dreizehn und ich habe ein Hündchen, das Lily heißt. Es ist ein Jahr alt und sehr brav. Ich komme aus Spanien und ich spreche sehr gut Englisch und Französisch, aber ich spreche kein Deutsch. Ich mag Spanisch sehr.

Hallo, ich heiße **Silvia**. Ich bin zwölf und ich habe keine Haustiere. Ich komme aus der Slowakei und ich spreche sehr gut Slowakisch und Englisch. Ich spreche auch ein bisschen Spanisch. Ich spreche gern Deutsch, aber ich mag Französisch gar nicht.

	Goed	Fout
a. **Dylan** is 13 jaar oud.		
b. Hij heeft een kleine kat.		
c. Hij spreekt heel goed Frans.		
d. Hij spreekt Engels en Frans.		
e. Hij spreekt geen Duits.		
f. Hij houdt niet van Spaans		
g. **Silvia** is Frans.		
h. Zij spreekt Slowaaks en een beetje Engels.		
i. Zij houdt niet van Frans.		
j. Zij spreekt helemaal geen Spaans.		

B. Vind in bovenstaande teksten het Duits voor:

a. Het is één jaar oud. **b.** Ik kom uit... **c.** Ik heb geen huisdieren.

d. Ik houd echt van ... **e.** Ik spreek graag ... **f.** Ik houd helemaal niet van ...

3. Vink of Kruis

A. Lees de teksten. Zet een vink in het vakje als je de woorden in de tekst vindt, of zet een kruis als je ze niet vindt.

- Hallo, ich heiße **Lena.**

Ich bin neun. Mein Geburtstag ist am elften Oktober. Ich komme aus Österreich und ich spreche gut Deutsch und Englisch. Ich spreche ein bisschen Spanisch aber kein Chinesisch. Ich mag Italienisch sehr.

	✓	✗
a. am elften März		
b. Ich komme aus Wales.		
c. Ich spreche gar nicht		
d. Ich spreche Spanisch.		
e. Ich spreche kein Chinesisch.		
f. Ich mag nicht		

- Hallo, ich heiße **Alex.**

Ich bin acht. Ich komme aus Schottland und ich spreche gut Englisch und Französisch. Ich spreche auch ein bisschen Walisisch, aber ich spreche kein Italienisch. Ich spreche gar nicht gern Spanisch.

	✓	✗
g. Ik ben 6 jaar oud.		
h. Ik kom uit Spanje.		
i. Ik spreek Engels.		
j. Ik spreek Italiaans.		
k. Ik spreek		
l. helemaal niet		

B. Vind het Duits in bovenstaande teksten.

a. op 11 oktober ______________________

b. Ik spreek geen Chinees. ______________________

c. Ik spreek goed Engels. ______________________

d. Ik spreek goed Duits. ______________________

e. Ik spreek helemaal niet graag Spaans. ______________________

4. Taal Detective

- Ich heiße **Tim.** Ich bin fünf. Mein Geburtstag ist am neunten November. Ich komme aus Amerika und ich spreche gut Deutsch und Englisch. Ich spreche auch ein bisschen Spanisch. Ich spreche nicht gern Portugiesisch.

- Ich heiße **Niamh.** Ich bin dreizehn. Mein Geburtstag ist am zwölften März. Ich habe ein Pferd, das Artex heißt. Es ist braun. Ich komme aus Irland und ich spreche sehr gut Irisch, Spanisch und auch Chinesisch. Ich mag Spanisch.

- Hallo, ich heiße **Sonja.** Ich bin elf. Mein Geburtstag ist am dritten Juni. Ich komme aus Österreich und ich mag Englisch. Ich spreche sehr gut Spanisch und Französisch. Ich spreche auch ein bisschen Italienisch aber kein Chinesisch.

A. Vind iemand die...

a. 13 jaar oud is.

b. een paard heeft die bruin is.

c. van Engels houdt.

d. geen Chinees spreekt.

e. heel goed Frans spreekt.

f. heel goed Spaans spreekt.

g. niet graag Portugees spreekt.

B. Zet een kruis in het vak en onderstreep de bijpassende Duitse vertaling. Eén hoort er niet bij.

~~Ik ben vijf jaar oud.~~	Ik houd van Engels.	maar geen Chinees.
Ik spreek niet graag Portugees.	12 maart	Ik spreek heel goed Chinees.
Ik kom uit Amerika.	Ik houd niet van Spaans.	Ik spreek heel goed Iers.
Ik kom uit Oostenrijk..	3 juni	Ik kom uit Ierland..

H7. Waar ik vandaan kom & talen die ik spreek: SCHRIJVEN

1.Spelling

a. D___ ___ ___sc___ — *Duits*

b. E___ ___ ___i___ ___che___ — *Een beetje*

c. D___ ___tsch___a___ ___ — *Duitsland*

d. E___ ___ ___a___ ___ — *Engeland*

e. E___ ___ ___is___ ___ — *Engels*

f. Ich sp___ ___che Spa___ ___sch. — *Ik spreek Spaans.*

g. Ich spr___che k___in Fra___z___si___ch — *Ik spreek geen Frans.*

2. Anagrammen

a. chI presche taIlchseini. — *Ik spreek Italiaans.*

___ ___ ___   ___ ___ ___ ___ ___ ___ ___   ___ ___ ___ ___ ___ ___ ___ ___ ___ ___ ___

b. hcI mmkoe sau Endlagn. — *Ik kom uit Engeland.*

___ ___ ___   ___ ___ ___ ___ ___   ___ ___ ___   ___ ___ ___ ___ ___ ___ ___

c. hcI chepsre niek euDthcs. — *Ik spreek geen Duits.*

___ ___ ___   ___ ___ ___ ___ ___ ___ ___   ___ ___ ___ ___   ___ ___ ___ ___ ___ ___ ___

d. Ich gma silWachsi. — *Ik houd van Welsh.*

___ ___ ___   ___ ___ ___   ___ ___ ___ ___ ___ ___ ___ ___ ___

e. chI presche paSinhcs. — *Ik spreek Spaans.*

___ ___ ___   ___ ___ ___ ___ ___ ___ ___   ___ ___ ___ ___ ___ ___ ___ ___

3. Vertaling met gaten

a. Ich spreche Deutsch und Französisch, aber ich spreche kein Englisch.

Ik spreek ________ en _________, maar ik spreek geen ________.

b. Ich komme aus Deutschland und ich spreche sehr gut Irisch.

Ik kom uit _________ en ik spreek _______ ________ Iers.

c. Ich komme aus England, aber ich spreche kein Italienisch.

Ik kom uit ____________, maar ik spreek geen ___________.

d. Welche Sprachen sprichst du? Ich spreche Walisisch.

Welke ____________ spreek ________? Ik spreek ___________.

4. Gesplitste Zinnen

a. Ich spreche sehr

b. Ich spreche kein

c. Ich spreche ein

d. Ich spreche ein bisschen

e. Ich spreche

f. Welche Sprachen

g. Woher

1. sprichst du?
2. Portugiesisch.
3. Englisch.
4. gut Englisch.
5. bisschen Französisch.
6. kein Chinesisch.
7. kommst du?

a	b	c	d	e	f	g

5. Bergbeklimmen

Begin onderaan, Kies een woordgroep van elke rij om onderstaande zinnen te vertalen.

England.	Französisch.	Irisch.	Deutsch.	Englisch.
Ich spreche	Ich komme aus	und ich spreche kein	und	, aber ich spreche kein
Chinesisch	Frankreich	bisschen Englisch	sprichst du?	kommst du?
Ich komme aus	Ich spreche sehr gut	Welche Sprachen	Woher	Ich spreche ein
a.	**b.**	**c.**	**d.**	**e.**

a. *Ik kom uit Frankrijk en ik spreek geen Duits.*

____

b. *Ik spreek heel goed Chinees maar ik spreek geen Frans.*

____

c. *Welke talen spreek je? Ik spreek Engels.*

____

d. *Waar kom je vandaan? Ik kom uit Engeland.*

____

e. *Ik spreek een beetje Engels en Iers.*

____

6. Mozaïek Vertaling

Gebruik de woorden in het schema om je te helpen bij het vertalen van onderstaande zinnen.

a.	Ich komme aus	sprichst du?	Französisch	sehr gut	Chinesisch.
b.	Woher	Italien	Ich komme	und	England.
c.	Ich spreche	kommst du?	aber ich	aus	Deutsch.
d.	Welche Sprachen	ein bisschen	Ich spreche	mag auch	Englisch.
e.	Ich spreche	sehr gut Englisch	und ich spreche	Italienisch und	Spanisch.

a. *Ik kom uit Italië en ik spreek Italiaans en Engels.*

____

b. *Waar kom je vandaan? Ik kom uit Engeland.*

____

c. *Ik spreek een beetje Frans en Chinees.*

____

d. *Welke talen spreek je? Ik spreek heel goed Duits.*

____

e. *Ik spreek heel goed Engels, maar ik houd ook van Spaans.*

____

7. Vul de gaten in

a. Hallo, ich heiße Roberto. Ich bin _________. Mein Geburtstag ist ____ zweiten Juni. Ich komme aus __________ und ich __________ Deutsch und _________. Ich spreche auch ein ________ Englisch.

bisschen	Italien	acht	am	Französisch	spreche

b. Hallo, ich heiße Marie. Ich habe einen Hund. Er ist ________. Ich komme aus ________. Ich spreche sehr _____ Deutsch und Spanisch. Ich spreche_______ ____ bisschen Französisch. Ich mag _________.

Portugiesisch	ein	schwarz	gut	auch	Liechtenstein

8. Verwarde Vertaling

a. Schrijf de Duitse woorden in het Nederlands.

Hallo, **ich heiße** David. **Ich bin** zeven jaar oud. Mijn verjaardag **ist am ersten** maart. **Ich komme** uit **Frankreich.** Ik spreek Frans en Engels **sehr gut. Ich spreche** ook **ein bisschen** Italiaans **aber** ik spreek geen **Deutsch.** Ik houd van **Chinesisch.**

b. Schrijf de Nederlandse woorden in het Duits.

Guten Tag, **ik heet** Karin. **Ik ben** zwölf Jahre alt. Mein Geburtstag **is 4** April. Ich habe **een hond, die** Rex **heet**. Er ist **zwart**. Ich komme aus **Duitsland. Ik spreek** sehr gut Englisch **en** ich spreche **een beetje Frans** aber **ik spreek geen** Italienisch. **Ik vind** Deutsch **leuk.**

9. Zinnen Puzzel

Zet de woorden in elke zin in de juiste volgorde.

a. sehr spreche Englisch Ich Französisch und gut.

Ik spreek heel goed Engels en Frans.

b. Welche Ich Spanisch spreche Sprachen du sprichst?

Welke talen spreek je? Ik spreek Spaans.

c. Woher du? Australien aus Ich komme kommst.

Waar kom je vandaan? Ik kom uit Australië.

d. Englisch Ich aber spreche spreche ich kein Deutsch.

Ik spreek Engels maar ik spreek geen Duits.

10. Begeleide Vertaling

a. H______, i__ h_______ A______. I___ k ______ a__ A______________.

Hallo, mijn naam is Anja. Ik kom uit Australië.

b. I___ k_______ a__ S_________. I___ s_______ g____ I__________.

Ik kom uit Spanje. Ik spreek goed Italiaans.

c. I__ s______ s___ g__ F__________ und e___ b_______ I__________.

Ik spreek heel goed Frans en een beetje Iers.

d. I___ s______ D_______, a______ i___ s________ k____ C__________.

Ik spreek Duits maar ik spreek geen Chinees.

e. W_______ S_________ s_______ d__? I___ s_______ S_________.

Welke talen spreek je? Ik spreek Spaans.

11. Piramide Vertaling
Begin bij de top, vertaal elke woordgroep naar het Duits. Schrijf de zinnen in onderstaande tabel.

a. Hallo.

b. Hallo, ik heet Claudia.

c. Hallo, ik heet Claudia. Ik spreek Duits.

d. Hallo, ik heet Claudia. Ik spreek Duits en Frans.

e. Hallo, ik heet Claudia. Ik spreek Duits en Frans, maar ik spreek geen Chinees.

a.
b.
c.
d.
e.

12. Trapsgewijs vertalen

Begin bij de top, vertaal elke woordgroep naar het Duits.
Schrijf de zinnen in onderstaande tabel.

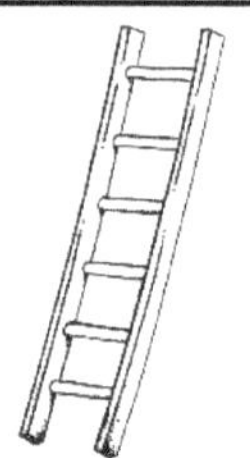

a.	Ik kom uit	Ierland.				
b.	Ik spreek	Engels	en Frans.			
c.	Ik spreek geen	Duits,	maar ik spreek	Italiaans.		
d.	Ik spreek	heel goed	Chinees,	maar ik spreek geen	Spaans.	
e.	Ik kom uit	Schotland.	Ik spreek	een beetje Portugees,	maar ik spreek geen	Iers.

Antwoorden / Antworten	
a.	
b.	
c.	
d.	
e.	

Uitdaging / Spezialaufgabe

Kun je 2 extra zinnen maken met de woorden in bovenstaand trapschema?

☆	
☆	

HOOFDSTUK 8

WIE IST DAS WETTER?

In dit hoofdstuk leer je:

- ✓ Uitdrukkingen van het weer begrijpen en gebruiken
- ✓ Tijdsaanduidingen en seizoenen gebruiken
- ✓ Het gebruik van *Heute ist es*
- ✓ Een plaats op een kaart vinden

Je herhaalt:

- ★ Landen, talen en nationaliteiten
- ★ Namen van Duitse plaatsen

Wie ist das Wetter heute?

Heute ist es sonnig.

HOOFDSTUK 8. HET WEER

Ik kan beschrijven hoe het weer is.

Wie ist das Wetter? *Hoe is het weer?*

Im Winter *In de winter*	**ist es heiß** *is het heet*	
Im Herbst *In de herfst*	**ist es kalt** *is het koud*	**in Basel**
Im Frühling *In de lente*	**ist es sonnig** *is het zonnig*	**in Berlin** *in Berlijn*
Im Sommer *In de zomer*	**ist es windig** *is het winderig*	**in Bern**
Diese Woche *Deze week*	**ist es nebelig** *is het mistig*	**in Frankfurt**
Heute *Vandaag*	**ist es bewölkt** *is het bewolkt*	**in Hamburg**
Normalerweise *Normaal gesproken*	**ist es stürmisch** *is het stormachtig*	**in Innsbruck**
In der Regel *In de regel*	**regnet es** *regent het*	**in München**
	schneit es *sneeuwt het*	**in Salzburg**
		in Stuttgart
		in Wien *in Wenen*
		in Zürich
	ist das Wetter in Wien *is het weer in Wenen*	**gut** *goed*
	ist das Wetter in Berlin *is het weer in Berlijn*	**schlecht** *slecht*

H8. Hoe het weer is: LUISTEREN

1. Luister en vink het woord aan dat je hoort. ✓

	1	2	3
a.	Es ist sonnig	Es ist kalt	Es ist heiß
b.	ist es stürmisch	ist es windig	ist es nebelig
c.	Es schneit	Es ist nebelig	Es regnet
d.	Das Wetter ist gut	Das Wetter ist schlecht	Wie ist das Wetter?
e.	ist es stürmisch	ist es bewölkt	ist es windig

2. Verkeerde Echo

Onderstreep het foute woord.

vb. Heute ist es sonnig.

a. Im Winter ist es kalt.

b. Normalerweise regnet es.

c. Im Sommer ist es heiß.

d. Heute ist es stürmisch.

e. Im Frühling ist das Wetter gut.

f. Wie ist das Wetter?

g. Diese Woche schneit es.

3. Luister en Combineer

a. vandaag — **1.** 

b. normaal gesproken — **2.**

c. in de zomer — **3.** 

d. in de herfst — **4.** 

e. in de winter — **5.**

f. deze week — **6.** 

g. in de lente — **7.**  

a	b	c	d	e	f	g

4. Luister en vul de ontbrekende letter in.

a. Es i__t kalt.

b. E__ ist windig.

c. H__ute regnet es.

d. E__ ist stürmisch.

e. Es __st heiß.

f. He__te ist es sonnig.

g. Heu__e schneit es.

h. Das Wetter is__ schlecht.

i. __eute ist es bewölkt.

5. Luister en vul de ontbrekende letters in.

a. Im Frühling reg__ __ __ es.

b. Das We__ __ __r ist gut.

c. Im Herbst ist es k__ __ __.

d. Im Winter sch__ __ __t es.

e. In der R__ __el ist es sonnig.

f. Im Sommer i__ __ es heiß.

g. Normalerweise ist es __ __belig.

tte	eg	alt	st	ne	nei	net

6. Breek de stroom: Zet een streepje tussen woorden.

a. WieistdasWetterheute?Esistsonnig.

b. ImSommeristesheißinBerlin.

c. ImSommeristdasWetterinWiengut.

d. ImWinteristeskaltinSalzburg.

e. InderRegelisteswindiginMünchen.

f. HeuteisteswindigundesregnetinStuttgart.

7. Vul de ontbrekende lettergrepen uit onderstaand vak in.

a. In Wien ist das ___ter gut.

b. In Köln ist es ___nig.

c. In München reg___ es.

d. In Hamburg ist es ___dig.

e. In Bern ist es be___kt.

f. In Salzburg ist es ____misch.

g. In Ulm schneit __.

h. In Zürich ist es nebe___.

i. In Leipzig ist es ____.

j. In Innsbruck ___ es kalt.

Wet	win	es	son	wöl	net	stür	heiß	ist	lig

8. Vul het schema in met de juiste informatie in het Nederlands.

	Wanneer	Weer
a.		
b.		
c.		
d.		
e.		
f.		

9. Vind de Indringer

Vind in elke zin het woord dat de spreker NIET zegt.

a. Wie ist nicht das Wetter in Bern?

b. In Wien ist der das Wetter gut.

c. In Berlin wie ist das Wetter schlecht.

d. Heute ist es nebelig am in Ulm.

e. In München ist es er windig.

f. Im Winter heiß regnet es.

10. Luister Slalom

Luister in het Duits en kies de 3 overeenkomstige Nederlandse delen van elke kolom.

vb. Heute ist es heiß in Wien.

Je kunt elke zin in een andere kleur kleuren en dan de zinnen hardop oplezen.

vb.	***Vandaag***	is het stormachtig	in Zürich.
a.	Normaal gesproken	***is het heet***	in Stuttgart.
b.	In de lente	is het weer slecht	***in Wenen.***
c.	In de herfst	is het koud	in Berlijn.
d.	Vandaag	is het weer goed	in Salzburg.
e.	In de regel	regent het	in Dortmund.
f.	Deze week	sneeuwt het	in Frankfurt.
g.	Vandaag	is het zonnig	in Dresden.

H8. Hoe het weer is: LEZEN

1. Lettergrepen

Lees en zet de lettergrepen in de cellen in de juiste volgorde.

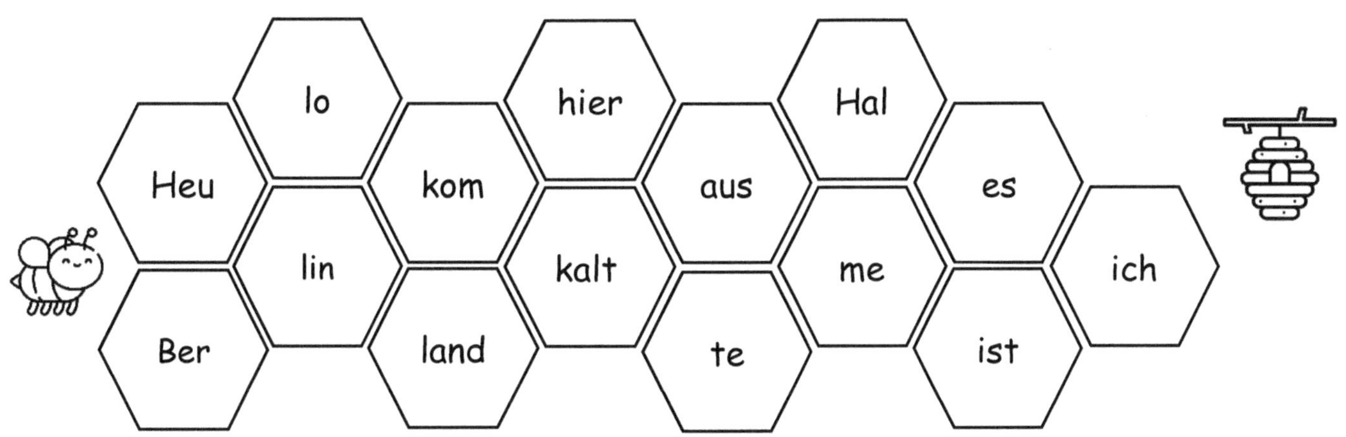

a. *Hallo, Ik kom uit Berlijn. Vandaag is het koud hier.*

H______, i___ k______ a___ B_________. H_____ i___ e__ k_____ h_____.

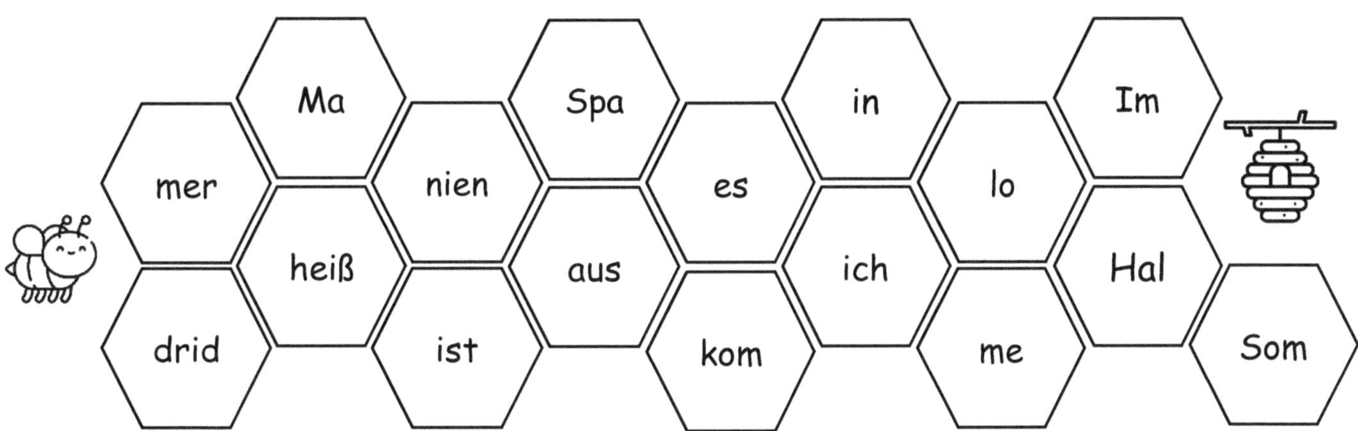

b. *Hallo, Ik kom uit Spanje. In de zomer is het heet in Madrid.*

H______, i___ k______ a___ S________. I__ S________ i___ e__ h_____ i__ M________.

2. Goed of Fout?
Kijk naar de kaart en geef voor elke zin aan: Goed of Fout.

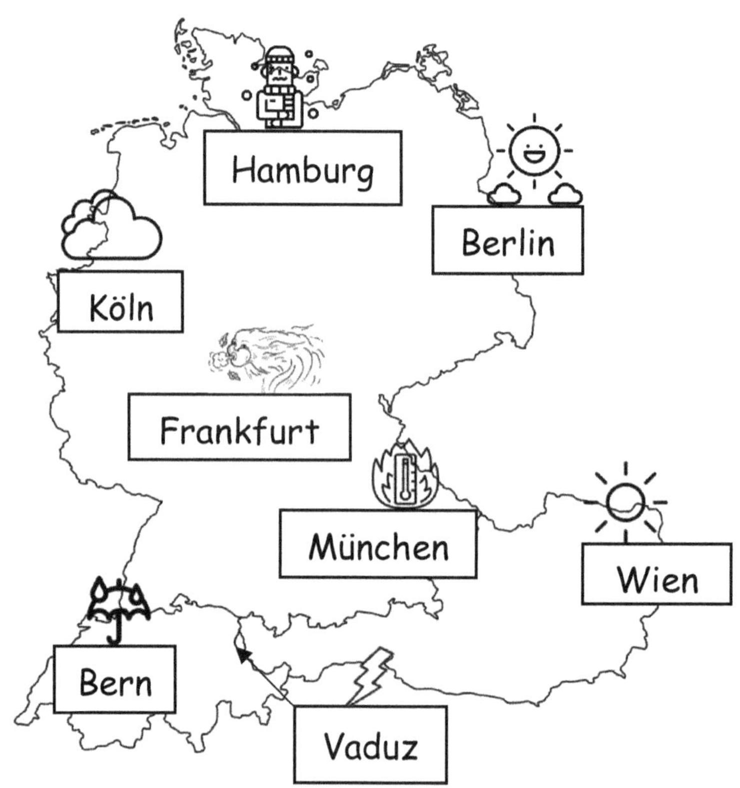

a. Heute ist es sonnig in Wien.
b. Normalerweise ist das Wetter gut in Bern.
c. In Frankfurt ist es heiß.
d. Heute ist es bewölkt in Berlin.
e. Diese Woche schneit es in Hamburg.
f. Normalerweise ist es windig in Köln.
g. Heute ist es stürmisch in Vaduz.
h. Diese Woche regnet es in München.

	Goed	Fout
a.		
b.		
c.		
d.		
e.		
f.		
g.		
h.		

3. Lees, Combineer, Vind en Kleur

A. Combineer deze zinnen met bovenstaande afbeeldingen.

a. Diese Woche schneit es in Berlin.
b. Normalerweise ist es sonnig in Wien.
c. Heute ist es stürmisch in Hamburg.
d. Im Winter regnet es in Stuttgart.
e. Im Herbst ist es windig in Salzburg.
f. Im Frühling ist das Wetter gut.
g. In der Regel ist es bewölkt in Zürich.
h. Im Sommer ist es heiß in München.
i. Heute ist das Wetter in Frankfurt schlecht.
j. Diese Woche ist es kalt in Bern.

B. Gebruik de zinnen van taak A om het Duits te vinden voor:

a. ... is het heet.
b. ... is het bewolkt.
c. in de winter
d. ... is het weer goed.
e. Deze week
f. ... is het koud.
g. ... regent het.
h. Vandaag
i. ... is het zonnig.
j. ... is het winderig.

4. Goed of Fout?

A. Lees de alinea's hieronder en antwoord dan: Goed of Fout.

Hallo, ich heiße **David**. Ich bin zehn Jahre alt. Ich komme aus Frankreich und ich spreche sehr gut Französisch. In Frankreich ist es normalerweise warm, aber heute ist das Wetter nicht gut. Es ist kalt und es regnet.

Hallo, ich heiße **Petra**. Ich bin vierzehn Jahre alt. Ich komme aus Deutschland und ich spreche sehr gut Englisch und Chinesisch. In Deutschland ist das Wetter in der Regel schlecht, aber heute ist es sonnig und warm.

	Goed	Fout
a. **David** is veertien jaar oud.		
b. Hij spreekt heel goed Frans.		
c. Hij komt uit Duitsland.		
d. Het is warm in Frankrijk.		
e. Het is normaal gesproken koud in Frankrijk.		
f. Het regent vandaag in Frankrijk.		
g. **Petra** komt uit Frankrijk.		
h. In Duitsland is het weer normaal gesproken slecht.		
i. Zij spreekt heel goed Welsh.		
j. Het is vandaag warm in Duitsland.		

B. Vind in de teksten hierboven het Duits voor:

a. maar vandaag

b. het is normaal gesproken warm

c. In Duitsland is het weer in de regel slecht.

d. maar vandaag is het weer niet goed.

5. Taal Detective

- Ich heiße **Paul.** Mein Geburtstag ist am zwölften Dezember. Ich komme aus Irland und ich spreche Englisch und Deutsch, aber ich spreche nicht Chinesisch. Im Winter ist es stürmisch in Dublin, aber heute ist es heiß.

- Ich heiße **Jimena.** Mein Geburtstag ist am elften Mai. Ich komme aus Spanien und ich spreche Spanisch. Ich spreche auch ein bisschen Italienisch. Im Sommer ist das Wetter in Madrid gut, aber heute ist es bewölkt und windig.

- Hallo, ich heiße **Thomas.** Ich bin zehn. Mein Geburtstag ist am dritten Mai. Ich wohne in Deutschland. Im Frühling ist das Wetter in Berlin normalerweise gut, aber heute regnet es und es ist kalt. Das mag ich nicht.

A. Lees & beantwoord de vragen.

a. Wie woont in Duitsland?

b. Wie spreekt geen Chinees?

c. Waar is het stormachtig in de winter?

d. Waar regent het vandaag?

e. Waar is het weer in de regel goed?

f. Wie spreekt een beetje Italiaans?

g. Waar is het vandaag bewolkt?

B. Zet een kruis in het vak en onderstreep de bijbehorende Duitse vertaling. Twee horen er niet bij.

Ik kom uit Ierland.	Ik spreek Engels en Duits.	Ik heb een witte en grijze kat.
Ik kom uit Engeland	Ik vind het niet leuk.	Ik spreek een beetje Italiaans
en winderig	Mijn verjaardag is op 11 mei	maar het regent vandaag
maar het is bewolkt vandaag	Mijn verjaardag is op 12 december.	Het is vandaag heet.

H8. Hoe het weer is: SCHRIJVEN

1. Spelling

a. i__ F__ __ __l__ __ __ *in de lente*

b. i__ W__ __ __ __r *in de winter*

c. E__ i__ __ h__ __ __. *Het is heet.*

d. i__ __ __ __b__ __ *in de herfst*

e. E__ r__ __ __ __t. *Het regent.*

f. Im H__ __ __st i__t e__ bewö__ __t. *In de herfst is het bewolkt.*

g. I__ S__ __ __er i__t e__ wa__ __. *In de zomer is het warm.*

2. Vertaling met gaten

a. Ich komme aus Australien und das Wetter ist gut heute.

Ik kom ______ Australië en het weer is _________ _________.

b. Im Herbst ist es windig in Wien.

In ________ is het _______ in _______.

c. Ich komme aus England und in der Regel ist das Wetter nicht gut.

Ik ___ uit Engeland en ___________, is het weer niet _________.

d. Ich komme aus Schottland und normalerweise ist das Wetter schlecht.

Ik kom uit ____________ en ________ is het weer _______.

e. Heute ist es wolkig und windig, aber es ist nicht stürmisch.

Vandaag is het _______ en _______, maar het is niet ________.

3. Vul de gaten in

a. Hallo, ich heiße Ingo. Ich bin ________ Jahre alt. Ich komme ___ England. In London ist es in der __________ ________ und _______, ________ heute ist es warm.

aber	windig	vierzehn	aus	Regel	kalt

b. Hallo, ___ heiße Giulia. Ich komme aus Italien und ich _____ zehn Jahre alt. ____ Italien ist das ________ im _________ gut, aber heute regnet es und es ist __________.

bin	ich	Sommer	Wetter	bewölkt	In

4. Zinnen Puzzel

Zet de woorden in de juiste volgorde.

a. Spanien das ist Wetter gut In.

In Spanje is het weer goed.

b. England In ist Wetter das schlecht es regnet und.

In Engeland is het weer slecht, en het regent.

c. Wie das ist Italien Wetter in?

Hoe is het weer in Italië?

d. Heute und windig es ist regnet es es ist stürmisch nicht, aber.

Vandaag regent het en is het winderig, maar het is niet stormachtig.

Hfd. 7-8

Geen Slangen Geen Ladders

START	1 Ich komme aus...	2 Ich komme aus Spanien.	3 Ich spreche Spanisch.	4 Ich komme aus England.	5 Ich spreche nicht...	6 Ich spreche kein Walisisch.	7 Es ist heiß.
15 aber ich spreche kein	14 Woher kommst du?	13 Ich komme aus China.	12 Heute ist es nebelig.	11 Es ist kalt.	10 Ich spreche Französisch.	9 im Sommer	8 Wie ist das Wetter?
16 Es ist windig.	17 Das Wetter ist gut.	18 im Winter	19 im Frühling	20 Welche Sprachen sprichst du?	21 Ich spreche Englisch.	22 Ich komme aus Deutschland.	23 ein bisschen Italienisch
ZIEL	30 Es schneit in München.	29 Ich spreche sehr gut Deutsch.	28 Es ist sonnig in Bern.	27 Es ist bewölkt in Wien.	26 Es regnet in Berlin.	25 diese Woche	24 Es ist stürmisch

Geen Slangen Geen Ladders

START	1 Ik kom uit ...	2 Ik kom uit Spanje.	3 Ik spreek Spaans.	4 Ik kom uit Engeland.	5 Ik spreek geen ...	6 Ik spreek geen Welsh.	7 Het is heet.
15 maar ik spreek geen	14 Waar kom jij vandaan?	13 Ik kom uit China.	12 Vandaag is het mistig.	11 Het is koud.	10 Ik spreek Frans.	9 in de zomer	8 Hoe is het weer?
16 Het is winderig.	17 Het weer is goed.	18 in de winter	19 in de lente	20 Welke talen spreek je?	21 Ik spreek Engels.	22 Ik kom uit Duitsland.	23 een beetje Italiaans
ZIEL	30 Het sneeuwt in München.	29 Ik spreek heel goed Duits.	28 Het is zonnig in Bern.	27 Het is bewolkt in Wenen.	26 Het regent in Berlijn.	25 deze week	24 Het is storm- achtig.

HOOFDSTUK 9

MEINE STADT

In dit hoofdstuk leer je hoe je in het Duits zegt:

- ✓ Waar je woont *„ich wohne /du wohnst"*
- ✓ Of je je woonplaats leuk vindt of niet en waarom
- ✓ Het gebruik van *ich liebe / ich mag / ich mag nicht / ich hasse*
- ✓ "Weil" en de woordvolgorde in de bijzin

Je herhaalt:

- ★ Persoonlijk voornaamwoord
- ★ Landen, talen en locaties

Ich wohne in Berlin.

Ich liebe meine Stadt, weil sie schön ist.

HOOFDSTUK 9. MEINE STADT

Ik kan vertellen waar ik woon

Wo wohnst du? *Waar woon je?*
Magst du deine Stadt? *Vind je jouw stad leuk?*

<table>
<tr>
<td rowspan="2">Ich wohne in
Ik woon in</td>
<td rowspan="2">Berlin.
Berlijn.

Edinburgh.

Chester.

Leeds.

London.
Londen.

München.

New York.

Rom.
Rome.

Salzburg.

Stuttgart.

Wien.
Wenen.</td>
<td rowspan="2">Ich liebe
Ik houd (niet) van

Ich mag
Ik vind ... (niet) leuk

Ich hasse
Ik haat</td>
<td>mein Dorf (nicht)
, weil es
mijn dorp
omdat het</td>
<td rowspan="2">groß
groot

hässlich
lelijk

historisch
historisch

klein
klein

laut
lawaaierig

lebendig
levendig

ruhig
rustig

schön
mooi

touristisch
toeristisch</td>
<td rowspan="2">ist
is</td>
</tr>
<tr>
<td>meine Stadt (nicht)
mijn stad

, weil sie nicht
omdat zij niet</td>
</tr>
</table>

Hoofdstuk 9: Waar ik woon: LUISTEREN

1. Luister en vink de woorden aan die je hoort.

	1	2	3
a.	Wien	Ich wohne	mein Dorf
b.	Ich mag	meine Stadt	schön
c.	schön	mein Dorf	Ich hasse
d.	lebendig	laut	groß
e.	Ich liebe	ruhig	Ich wohne

2. Verkeerde Echo

Onderstreep het foute woord.

***vb.** Ich wohne in Berlin.*

a. Ich mag mein Dorf.

b. Ich liebe meine Stadt.

c. Ich mag meine Stadt nicht.

d. Ich wohne in Wien.

e. Mein Dorf ist klein.

f. Meine Stadt ist hässlich.

g. ..., weil es laut ist.

h. ..., weil sie ruhig ist.

3. Luister en vul de ontbrekende letters in.

a. Ich wohne __n W__en.

b. Meine St__dt ist sch__n.

c. Mein D__rf ist kle__n.

d. Ich wohn__ in Edi__burgh.

e. M__ine Stadt ist ru__ig.

f. Mein Dorf ist gro__.

g. Mein Dor__ ist h__sslich.

h. Ic__ mag me__ne Stadt.

i. Ich m__g mein Dorf nic__t.

j. Meine Stad__ ist lebe__dig.

4. Nauwkeurig Luisteren. Vul in.

a. Hallo, ich heiße Thomas und ich bin elf ________ alt. Ich komme aus ___________, aber ich wohne _____ England. Ich spreche ein _______ Englisch und sehr ______ Irisch und ___________. Ich mag mein ________, weil es ruhig und _________ ist.

Spanisch	in	gut	Irland	Dorf	Jahre	bisschen	schön

b. Hallo, ich heiße Lena und ich bin ____ Jahre alt. Ich komme ___ Spanien, aber ich _______ in Deutschland. Ich spreche _________, Spanisch und _______________. Ich mag meine ______, weil ___ groß und __________ ist.

wohne	Deutsch	elf	Stadt	lebendig	sie	aus	Französisch

5. Vul het schema in met de juiste informatie in het Nederlands.

		☺ Mening ☹	Reden (Bijv. nw.)
a.	Markus		
b.	Lisa		
c.	Stefan		
d.	Lotte		
e.	Micha		
f.	Gianfranco		

6. Vul de ontbrekende lettergrepen uit onderstaand vak in.

a. Ich wohne __ Berlin.

b. ___ mag mein Dorf.

c. Ich mag mei__ Stadt.

d. Ich ___se meine Stadt.

e. Ich ___be mein Dorf.

f. Ich mag mein Dorf _____.

g. Meine Stadt ___ hässlich.

h. Mein ____ ist klein.

i. Magst du ____ Dorf?

j. Mein Dorf ist le___dig.

lie	dein	Dorf	ben	in	Ich	ist	ne	has	nicht

7. Vind de Indringer

Vind in elke zin het woord dat de spreker NIET zegt.

a. Ich wohne in London. Ich mag meine Stadt, weil sie nicht schön ist.

b. Ich wohne in Neuhausen. Ich mag mein meine Dorf nicht, weil es klein ist.

c. Ich wohne in Wien und ich hasse meine Stadt, weil sie sehr laut ist.

d. Ich liebe meine Stadt, weil sie groß, schön und lebendig ist.

e. Ich mag meine mein Stadt, weil sie ruhig ist.

f. Wo wohnst du ich? Ich wohne in Bern. Ich mag es dort, weil es groß ist.

g. Ich mag mein Dorf, weil es wo touristisch ist.

h. Mein ich mag Leeds nicht, weil es hässlich ist.

8. Vang het, Vervang het.

Luister, vind het verschil tussen wat je hoort en de geschreven tekst en pas de zin hierop aan.

vb. *Ich mag meine nicht Stadt, weil sie nicht schön ist.*	*ruhig*
a. Ich mag mein Dorf nicht, weil es klein ist.	
b. Ich hasse meine Stadt, weil sie zu groß ist.	
c. Ich liebe meine Stadt, weil sie ruhig ist.	
d. Ich mag meine Stadt nicht, weil sie laut ist.	
e. Ich mag mein Dorf nicht, weil es zu laut ist.	
f. Ich mag mein Dorf, weil es ruhig ist.	
g. Ich liebe New York, weil es lebendig ist.	

9. Zinnen bingo

Schrijf 4 van de zinnen in het bingoblok. Je hoort Duitse zinnen in een WILLEKEURIGE VOLGORDE. Vink alle 4 zinnen aan om te winnen.

1. Ich mag mein Dorf nicht, weil es klein ist.
2. Ich mag mein Dorf nicht, weil es hässlich ist.
3. Ich mag mein Dorf, weil es ruhig ist.
4. Ich liebe meine Stadt, weil sie ruhig ist.
5. Ich hasse meine Stadt, weil sie sehr groß ist.
6. Ich mag meine Stadt, weil sie nicht klein ist.
7. Ich mag meine Stadt nicht, weil sie laut ist.
8. Ich mag meine Stadt, weil sie groß ist.
9. Ich hasse meine Stadt, weil sie hässlich ist.
10. Ich liebe New York, weil es lebendig ist.

10. Luister Slalom

Luister naar het Duits en kies in elke kolom de bijbehorende Nederlandse woorden.

vb. Ich heiße Nina, ich wohne in Berlin. Ich liebe meine Stadt.
Kleur de vakjes en gebruik voor elke zin een andere kleur.

vb.	***Ik heet Nina.***	omdat het mooi	levendig en toeristisch.
a.	Ik woon in New York.	***Ik woon in Berlijn.***	en rustig is.
b.	Ik woon in Neuhausen.	Ik houd van mijn stad	***Ik houd van mijn stad.***
c.	Ik vind mijn dorp	Het is groot,	omdat het levendig is.
d.	Ik vind mijn dorp leuk	Ik vind mijn dorp leuk	en groot is.
e.	Ik haat mijn stad	niet leuk omdat	omdat het toeristisch is.
f.	Ik woon in Londen.	omdat het lelijk	het klein is.

Hoofdstuk 9: Waar ik woon: LEZEN

1. Lees en zet de lettergrepen in de cellen in de juiste volgorde.

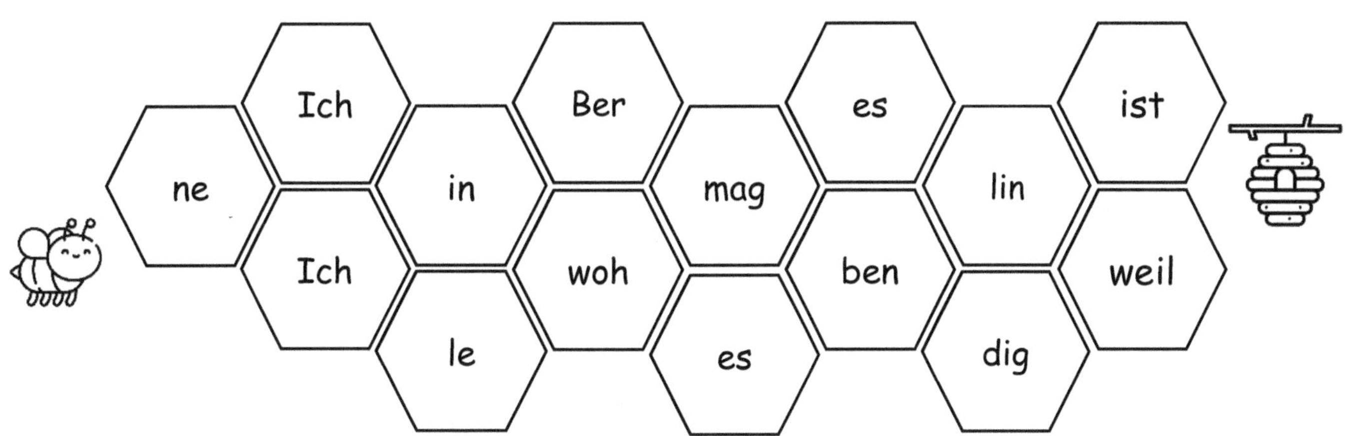

a. *Ik woon in Berlijn. Ik vind het leuk omdat het levendig is.*

I___ w_______ i___ B_________. I___ m_____ e___, w______ e___ l__________ i___.

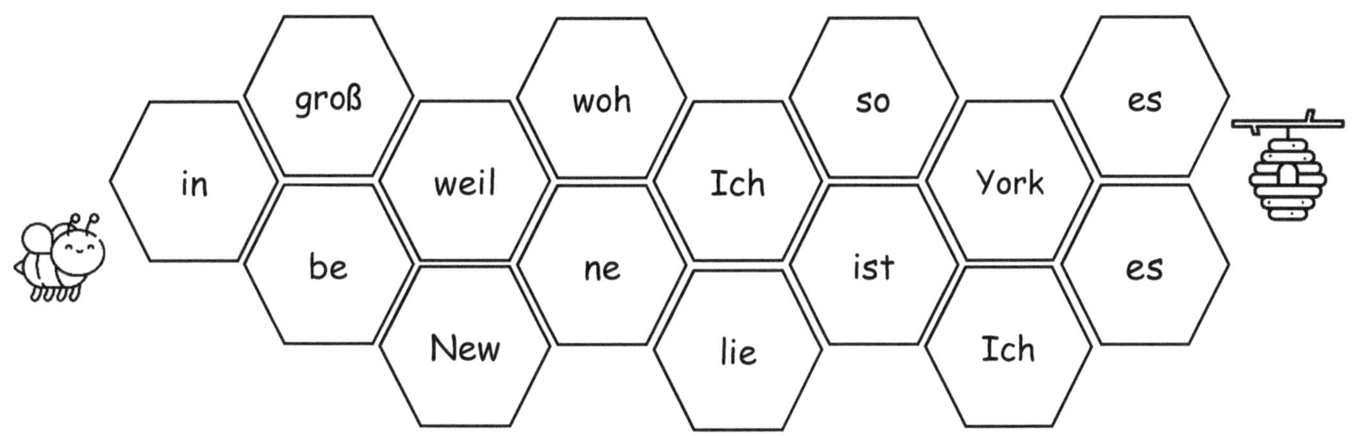

b. *Ik woon in New York. Ik houd ervan omdat het zo groot is.*

I___ w_______ i___ N______ Y______. I___ l________ e___, w_______ e___ s___ g_______ i___.

2. Goed of Fout

A. Lees onderstaande alinea's en antwoord dan: Goed of Fout.

Hallo, ich heiße **Jacques**. Ich bin fünfzehn Jahre alt. Ich komme aus Frankreich und ich spreche sehr gut Englisch. In Frankreich ist es normalerweise heiß. Ich wohne in Paris. Ich mag meine Stadt, weil sie groß und touristisch ist.

Hallo, ich heiße **Gabi**. Ich bin elf. Ich komme aus Deutschland und ich spreche Deutsch und Französisch. In Deutschland ist es in der Regel kalt. Ich wohne in Lymm, in England. Ich liebe mein Dorf, weil es klein und schön ist. Es ist auch touristisch.

	Goed	**Fout**
a. **Jacques** is 14 jaar oud.		
b. Hij spreekt heel goed Duits.		
c. Hij woont in Parijs.		
d. Het is normaal gesproken koud in Frankrijk.		
e. Hij vindt zijn stad leuk.		
f. Zijn stad is groot en levendig.		
g. **Gabi** komt uit Duitsland.		
h. Het is normaal gesproken koud in Duitsland.		
i. Zij woont in Duitsland.		
j. Zij vindt haar dorp leuk omdat het rustig is.		

B. Vind in bovenstaande teksten het Duits voor:

a. ...is het normaal gesproken heet. **b.** ... het klein en mooi is. **c.** Ik houd van ...

d. ... is het in de regel koud. **e.** ... het groot en toeristisch is. **f.** Ik woon in Parijs.

3. Vink of Kruis

A. Lees de teksten. Zet een vink in het vakje als je de woorden in de tekst vindt, zet een kruis als je ze niet vindt.

- Hallo, ich heiße **Petra.**

Ich bin zehn. Ich komme aus Österreich und ich spreche gut Deutsch und Spanisch. Ich wohne in Wien. Heute regnet es in Wien. Ich mag meine Stadt, weil sie lebendig, aber auch sehr groß ist.

	✓	
a. Ich bin zehn.		
b. Ich komme aus Wales.		
c. Ich spreche nicht		
d. Ich wohne in Wien.		
e. Ich mag ... nicht.		
f. ... sie lebendig, ... ist		

- Hallo, ich heiße **Matteo.**

Ich bin sieben. Ich komme aus Italien und spreche sehr gut Italienisch aber nicht Deutsch. Ich wohne in Rom. In Rom ist es normalerweise sonnig. Ich hasse meine Stadt, weil sie touristisch und laut ist.

g. Ik ben 6 jaar oud.		
h. Ik kom uit Spanje.		
i. Ik haat mijn stad.		
j. Ik spreek Frans.		
k. omdat het zonnig is.		
l. omdat het lawaaierig is.		
m. omdat het te klein is.		

B. Vind het Duits in bovenstaande teksten

a. Vandaag regent het in Wenen. ________________

b. Ik spreek goed Duits. ________________

c. In Rome is het normaal gesproken zonnig. ________________

d. Ik haat mijn stad omdat het toeristisch is. ________________

e. ... omdat het levendig maar ook erg groot is. ________________

4. Taal Detective

- Ich heiße **Bastian.** Mein Geburtstag ist am dritten Mai. Ich habe keine Haustiere. Ich komme aus Irland, aber ich wohne in London. Das ist in England. Ich mag meine Stadt, weil sie touristisch ist, aber das Wetter ist schlecht.

- Ich heiße **Micha.** Ich bin dreizehn. Ich habe einen Hund, der Rex heißt. Er ist braun und weiß. Ich komme aus Deutschland und wohne in Neuhausen. Ich liebe mein Dorf, weil es ruhig ist. Das Wetter ist normalerweise gut.

- Ich heiße **Daniela.** Ich bin elf Jahre alt. Ich habe eine Katze, die Mitzi heißt. Sie ist grau. Ich wohne in Detroit. Das liegt in Amerika. Ich mag meine Stadt nicht, weil sie hässlich und laut ist. Heute regnet es in Detroit.

A. Vind iemand die...

a. 11 jaar oud is.

b. een bruin en witte hond heeft.

c. in een stad woont.

d. een grijze kat heeft.

e. in een lelijke en lawaaierige plaats woont.

f. in een rustige plaats woont.

g. geen kat heeft.

B. Zet een kruis in het vak en onderstreep de bijbehorende Duitse vertaling. Eén hoort er niet bij.

~~Ik kom uit Ierland.~~	Ik woon in Amerika.	Ik heb een grijze kat.
Ik heb geen huisdieren.	Ik haat mijn stad.	Ik heb een bruin en witte hond.
... omdat het rustig is.	Ik houd van mijn dorp.	Vandaag regent het in Detroit.
... omdat het lelijk en lawaaierig is.	Ik vind mijn stad niet leuk.	Het weer is normaal gesproken goed.

Hoofdstuk 9: Waar ik woon: SCHRIJVEN

1. Spelling

a. l__ __ __n__ __ __ *levendig*

b. l__ __t *lawaaierig*

c. i__ m__ __nem D__ __f *in mijn dorp*

d. m__ __ne S__ __ __ __ *mijn stad*

e. k__ __ __n *klein*

f. Mein__ __ __adt i__ __ gr__ __. *Mijn stad is groot.*

g. Ich w__ __ne i__ W__ __n. *Ik woon in Wenen.*

2. Anagrammen

a. Ihc hnewo ni Duechtslnda. *Ik woon in Duitsland.*

__ __

b. hcI gam rüZihc. *Ik vind Zürich leuk.*

__ __ __ __ __ __ __ __ __ __ __ __ __ __

c. hIc sseah eeimn Sattd. *Ik haat mijn stad.*

__ __

d. ...iewl ise leebdnig sti. *... omdat het levendig is.*

... __

3. Vertaling met gaten

a. Ich komme aus Australien, aber ich wohne in Schottland.

Ik kom ______ Australië, maar ik _______ in Schotland.

b. Ich mag mein Dorf, weil es sehr schön und groß ist.

Ik vind mijn ________ leuk omdat het _______ en ________ is.

c. Ich wohne in London. Ich liebe meine Stadt.

Ik _________ in Londen. Ik __________ mijn __________.

d. Magst du deine Stadt? Nein, ich mag meine Stadt nicht.

Vind je je stad _____? Nee, ik vind _____ stad niet leuk.

e. Wo wohnst du? Ich wohne in einem Dorf. Es ist lebendig, aber klein.

Waar ______ _____? Ik woon in een _______. Het is ______ maar _______.

4. Gesplitste Zinnen

a. Ich wohne in — **1.** sie touristisch ist.

b. Ich spreche — **2.** Dorf.

c. Ich komme — **3.** meine Stadt.

d. Ich mag — **4.** aus der Schweiz.

e. ..., weil — **5.** schön ist.

f. ..., weil sie — **6.** nicht Französisch.

g. Ich liebe mein — **7.** Frankreich.

a	b	c	d	e	f	g

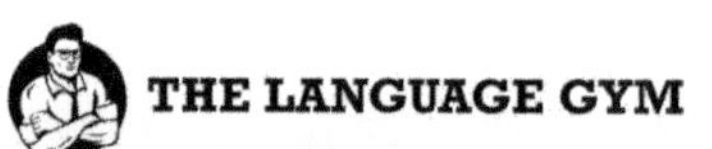

5. Bergbeklimmen

Begin onderaan, Kies een woordgroep van elke rij om onderstaande zinnen te vertalen.

klein ist.	in Rom.	hässlich ist.	sie groß ist.	in München.
Ich wohne	Nein, weil es	und ich wohne	, weil sie	, weil
meine Stadt nicht	England	meine Stadt	dein Dorf?	wohnst du?
Ich komme aus	Ich mag	Magst du	Ich liebe	Wo
a.	**b.**	**c.**	**d.**	**e.**

a. Ik kom uit Engeland en ik woon in Rome.

____

b. Ik vind mijn stad niet leuk omdat zij lelijk is.

____

c. Vind jij jouw dorp leuk? Nee, omdat het klein is..

____

d. Ik houd van mijn stad omdat zij groot is..

____

e. Waar woon jij? Ik woon in München.

____

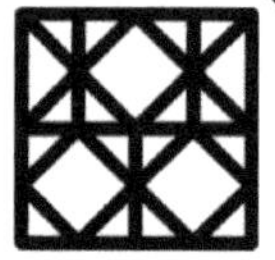

6. Mozaïek Vertalen

Gebruik de woorden in het schema om onderstaande zinnen te vertalen.

a.	Meine Stadt	ist schön	und schön.	ich liebe	klein.
b.	Wo	deine Stadt?	und klein	Es ist auch	ist groß.
c.	Ich mag	wohnst du?	Ja,	, aber sie ist nicht	touristisch.
d.	Magst du	meine Stadt	Ich wohne in	einer Stadt. Sie	laut ist.
e.	Mein Dorf	ist ruhig	nicht, weil sie	hässlich und	Chester.

a. *Mijn stad is mooi en klein, maar het is niet toeristisch.*

____

b. *Waar woon jij? Ik woon in een stad. Zij is groot.*

____

c. *Ik vind mijn stad niet leuk omdat zij lelijk en lawaaierig is.*

____

d. *Vind jij jouw stad leuk? Ja, ik houd van Chester.*

____

e. *Mijn dorp is rustig en mooi. Het is ook klein.*

____

7. Vul de gaten in

a. Hallo, ich heiße Jakob. Ich bin ________ Jahre alt. Ich komme aus der ________, aber ich wohne ___ England. Ich ________ ein bisschen Deutsch. Ich mag mein _______, weil es ruhig ___.

in	spreche	zwölf	ist	Dorf	Schweiz

b. Hallo, ich heiße Jana. Ich komme aus Italien aber ich _______ in________. Ich spreche _____ Englisch. Ich spreche auch ein ______ Spanisch. Ich liebe meine _______, weil sie ruhig _____ schön ist.

Stadt	und	wohne	gut	Inverness	bisschen

8. Verwarde Vertaling

a. Schrijf de Duitse woorden in het Nederlands

Hallo, **ich heiße** Anna. **Ich komme aus** Spanje **aber** ik woon **in Deutschland.** Ik spreek Duits **und Spanisch. Normalerweise** regent het in Duitsland. Ik woon **in Berlin und** ik vind het niet leuk**, weil es** daar erg **laut** is.

b. Schrijf de Nederlandse woorden in het Duits

Guten Tag, **ik heet** Andreas. Ich bin **elf** Jahre alt und **ik heb** keine Haustiere. Ich wohne **in New York**. Ich mag **mijn stad,** weil sie **erg groot** und **mooi** ist. Ich **houd van** sie auch, **omdat** sie lebendig und **niet** hässlich **is**. In New York ist **het weer normaal gesproken** gut **en** es ist **warm.**

9. Zinnen Puzzel

Zet de woorden in de juiste volgorde

a. schön mag sehr ist sie Ich meine Stadt, weil

Ik vind mijn stad leuk omdat zij mooi is.

b. Wo wohne Ich New York in mag nicht. es ich und du? wohnst

Waar woon jij? Ik woon in New York, en ik vind het niet leuk.

c. du Magst Ich es liebe es klein , weil ist. dein Dorf?

Vind jij jouw dorp leuk? Ik houd ervan omdat het klein is.

d. London laut es , weil sehr Ich hasse touristisch und auch ist dort.

Ik haat Londen omdat het er erg lawaaierig en ook toeristisch is.

10. Begeleide Vertaling

a. H_____, i__ h_____ A_____. I___ w______ i__ R______.

Hallo, ik heet Anke. Ik woon in Rome.

b. I___ k ______a___ S________. I ___ s_______ s_____ g_____ E__________.

Ik kom uit Spanje. Ik spreek erg goed Engels.

c. I___ w____ i__ e____ S_______. I__ m____ s___, w____ e__ d_____ r_______ i____.

Ik woon in een stad. Ik vind het leuk omdat het er rustig is.

d. W__ w______ d___? M______ S______ i___ l_______ und a_____ t______________.

Waar woon jij? Mijn stad is levendig en ook toeristisch.

11. Piramide Vertaling

Begin bij de top, Vertaal elke woordgroep naar het Duits. Schrijf de zinnen in onderstaand vak.

a. Hallo.

b. Hallo, ik heet Lotte.

c. Hallo, ik heet Lotte. Ik woon in Londen.

d. Hallo, ik heet Lotte. Ik woon in Londen. Ik vind mijn stad leuk omdat zij groot en mooi is.

e. Hallo, ik heet Lotte. Ik woon in Londen. Ik vind mijn stad leuk omdat zij groot en mooi maar niet rustig is.

a.
b.
c.
d.
e.

12. Trapsgewijs vertalen

Begin bij de top, vertaal elke woordgroep naar het Duits.
Schrijf de zinnen in onderstaande tabel.

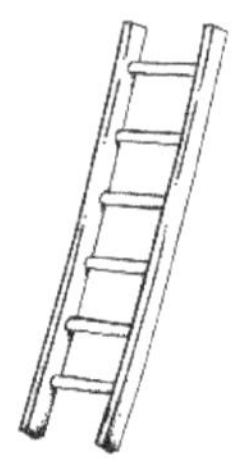

a.	Ik vind	mijn stad leuk.				
b.	Ik vind	mijn dorp niet leuk, omdat	het toeristisch is.			
c.	Ik houd van	mijn dorp omdat	het mooi	en levendig is.		
d.	Ik haat	mijn stad omdat	zij groot,	toeristisch	en ook lawaaierig is.	
e.	Ik vind	mijn dorp leuk omdat	het mooi,	klein	en ook	rustig is.

Antwoorden / Antworten

a.	
b.	
c.	
d.	
e.	

Uitdaging / Spezialaufgabe

Kun je twee extra zinnen maken met de woorden uit het trapschema?

☆	
☆	

HOOFDSTUK 10

IN MEINER STADT

In dit hoofdstuk leer je:

- Zeggen wat er in jouw dorp/stad is
- Oefenen met zelfstandige naamwoorden in enkelvoud en meervoud

Je herhaalt:

★ Hoe je *es gibt einen/eine/ein / es gibt keinen/keine/kein* gebruikt
★ Zeggen waar je woont
★ Je mening geven over jouw dorp/stad

In meiner Nachbarschaft gibt es ein Schwimmbad.

In meiner Stadt gibt es viele Restaurants.

Hoofdstuk 10. Ik kan zeggen wat er in mijn dorp/stad is

Was gibt es in deiner Stadt? *Wat is er in jouw stad?*

In meinem Dorf *In mijn dorp* **In meiner Stadt** *In mijn stad* **In meiner Nachbarschaft** *In mijn buurt*	**gibt es** *is er*	**einen** *een* **keinen** *geen*	**Bahnhof**	*station*
			Marktplatz	*markt*
			Park	*park*
			Strand	*strand*
			Supermarkt	*supermarkt*
	gibt es *is er*	**eine** *een* **keine** *geen*	**Apotheke**	*apotheek*
			Bäckerei	*bakker*
			Bibliothek	*bibliotheek*
			Kathedrale	*kathedraal*
			Kirche	*kerk*
			Moschee	*moskee*
			Schule	*school*
			Synagoge	*synagoge*
	gibt es *is er*	**ein** *een* **kein** *geen*	**Kino**	*bioscoop*
			Museum	*museum*
			Restaurant	*restaurant*
			Schloss	*kasteel*
			Schwimmbad	*zwembad*
			Sportzentrum	*sportcentrum*
			Stadion	*stadion*

Hoofdstuk 10. Ik kan zeggen wat er in mijn dorp/stad is

Was gibt es in deiner Stadt? *Wat is er in jouw stad?*

		Apotheken	*apotheken*		**Apotheken**
		Bäckereien	*bakkers*		**Bäckereien**
In meinem Dorf *In mijn dorp*		**Bahnhöfe**	*stations*		**Bahnhöfe**
		Bibliotheken	*bibliotheken*		**Bibliotheken**
		Kinos	*bioscopen*		**Kinos**
		Kirchen	*kerken*	**und auch (viele)** *en ook (veel)*	**Kirchen**
		Marktplätze	*markten*		**Marktplätze**
		Moscheen	*moskees*		**Moscheen**
In meiner Stadt *In mijn stad*	**gibt es (viele)** *zijn er (veel)*	**Museen**	*musea*		**Museen**
		Parks	*parken*		**Parks**
		Restaurants	*restaurants*		**Restaurants**
		Schlösser	*kastelen*	**,aber es gibt keine** *maar er zijn geen*	**Schlösser**
		Schulen	*scholen*		**Schulen**
In meiner Nachbar-schaft *In mijn buurt*		**Schwimmbäder**	*zwembaden*		**Schwimmbäder**
		Sportzentren	*sportcentra*		**Sportzentren**
		Stadien	*stadions*		**Stadien**
		Strände	*stranden*		**Strände**
		Supermärkte	*supermarkten*		**Supermärkte**
		Synagogen	*synagogen*		**Synagogen**

H10. Ik kan zeggen wat er in mijn dorp/stad is: LUISTEREN

1. Luister en vink het woord aan dat je hoort.

	1	2	3
a.	Schwimmbad	Marktplatz	Bahnhof
b.	Kino	Stadt	Schule
c.	gibt es	gibt es kein	auch
d.	Apotheke	Theater	Museen
e.	Stadien	Moscheen	In meinem Dorf

2. Verkeerde Echo

Je hoort elke zin twee keer. De eerste is correct, en de tweede heeft een verkeerde klank. Onderstreep in elke zin het woord met de verkeerde klank.

vb. In meinem Dorf gibt es ein Kino.

a. In meiner Stadt gibt es eine Kirche.

b. In meinem Dorf gibt es eine Bibliothek.

c. In meiner Stadt gibt es viele Restaurants und Parks.

d. In meinem Dorf gibt es kein Schwimmbad.

e. In meiner Stadt gibt es ein Sportzentrum und ein Schloss.

f. In meinem Dorf gibt es einen Marktplatz, aber es gibt kein Museum.

3. Luister en vul de ontbrekende klinkers in.

a. mein D__rf

b. ein M__rktplatz

c. ein Schw__mmbad

d. meine St__dt

e. ein Kin__

f. ein M__seum

g. ein Sportz__ntrum

h. eine Bäck__rei

i. eine Synag__ge

j. __s gibt eine Schule.

a e i o u

4. Vul in met de ontbrekende lettergrepen uit onderstaand vak.

a. ein Su_ _ _markt

b. ein Thea_ _ _

c. eine Kir_ _ _

d. Schu_ _ _

e. ein Bahn_ _ _

f. eine Apo_ _ _ke

g. eine Bib_ _ _thek

h. ein Sta_ _ _ _

i. Res_ _ _rants

j. mei_ _ Stadt

len	dion	the	che	hof	lio	ne	tau	ter	per

5. Vul het schema in met de informatie in het Nederlands.

	Er is *(Es gibt)* ✓	Maar er is geen *(es gibt k...)* ✗
vb.	*een kasteel*	*strand*
a.		
b.		
c.		
d.		

6. Vind de Indringer

Vind in elke zin het woord dat de spreker NIET zegt.

vb. In meiner Stadt gibt es ein Schloss, eine Kirche und einen Park.

a. In meiner Nachbarschaft gibt es viele Restaurants und ein Schulen.

b. Ich mag meine Stadt, weil es kein ein Museum und eine Bibliothek gibt.

c. Ich wohne in Wien. In meiner Stadt gibt es Museen und auch Kinos.

d. In meinem Dorf gibt es ist einen Bahnhof, aber es gibt kein Kino.

e. In meiner Stadt gibt es eine Apotheke und wohne eine Moschee.

f. Was gibt es in deiner Stadt? In meiner Stadt gibt es in einen Strand.

7. Nauwkeurig Luisteren. Vul in

a. Ich _______ ____ einer Stadt in Wales. In meiner_________________ gibt es einen ________, ein _____________ und ________________. Ich mag ________ Nachbarschaft, weil sie ______________ und schön ist.

Park	meine	ruhig	Schloss	Museen	wohne	in	Nachbarschaft

b. Ich komme aus ____________, aber _____ wohne in einer ___________ in ______________. Ich ___________ meine Nachbarschaft, weil sie zwar _____________ aber ______________ ist.

lebendig	Deutschland	Stadt	liebe	klein	ich	Spanien

8. Luister Slalom

Luister naar het Duits en kies in elke kolom het bijpassende Nederlands.

vb. In meiner Stadt gibt es ein Kino

Kleur voor elke zin de vakjes in een andere kleur.

vb.	In mijn stad	omdat zij groot is.	zwembaden.
a.	In mijn stad is er	***is er***	Er zijn restaurants en supermarkten.
b.	Ik woon op Sylt.	een sportcentrum	***een bioscoop.***
c.	In mijn stad zijn er	bioscoop,	en een kerk.
d.	Ik houd van mijn buurt	Er is een strand	en een museum.
e.	Ik vind mijn stad leuk omdat	theaters, maar er zijn geen	maar er is geen stadion
f.	In mijn stad is er geen	zij mooi is. Er is een markt	maar er is een bibliotheek.

H10. Ik kan zeggen wat er in mijn dorp/stad is: LEZEN

1. Lees en zet de lettergrepen in de cellen in de juiste volgorde

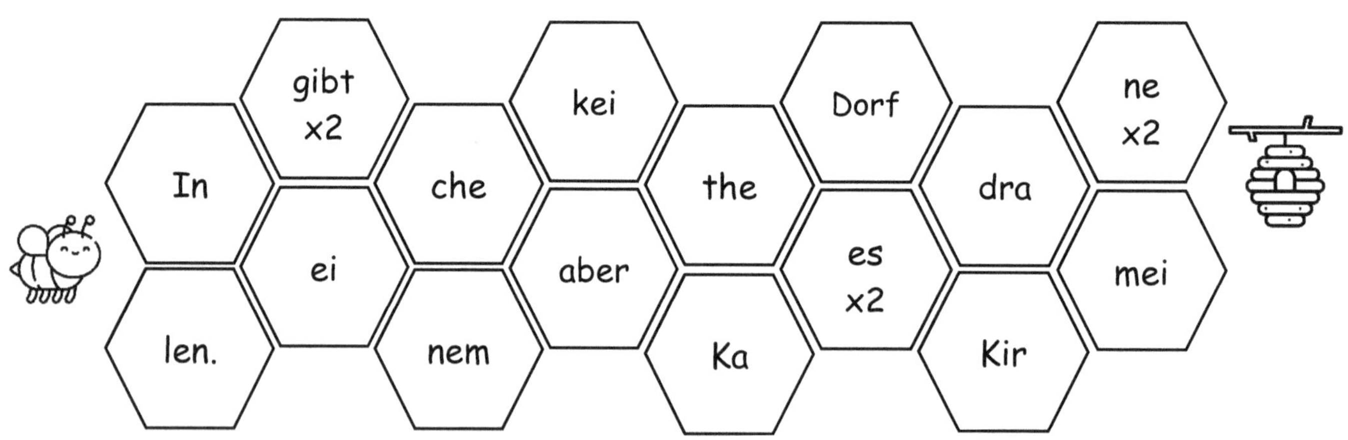

a. In mijn dorp is er een kerk, maar er zijn geen kathedralen.

I__ m________ D________ g_____ e__ e______ K__________,
a_______ e__ g_____ k______ K___________________.

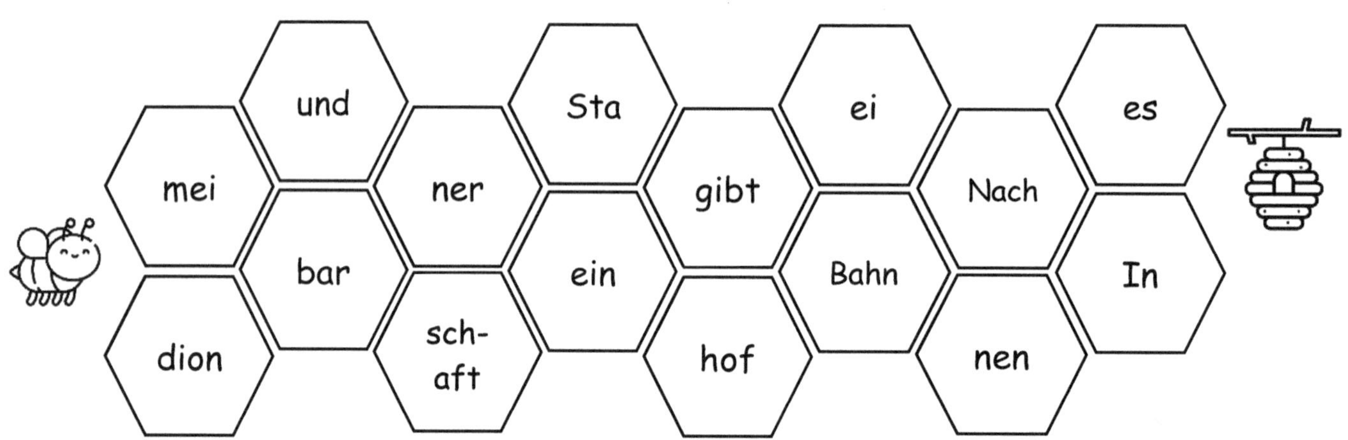

b. In mijn buurt is er een stadion en een station.

I__ m_______ N_______________ g_____ e__ e_______ S______________
u_____ e_____ B_______________.

2. Goed of fout

A. Lees onderstaande alinea's en antwoord dan: Goed of Fout.

Hallo, ich heiße **Jonas**. Ich bin vierzehn. Ich wohne in Berlin, der Hauptstadt von Deutschland. Ich mag meine Stadt, weil sie groß und touristisch, aber nicht sehr laut ist. In meiner Nachbarschaft gibt es eine Bibliothek und einen Supermarkt aber kein Stadion.

Hallo, ich heiße **Benur**. Ich komme aus Frankreich, aber ich wohne in Madrid, der Hauptstadt von Spanien. Normalerweise ist es heiß im Sommer. Ich mag meine Stadt, weil sie touristisch und schön ist. In meiner Stadt gibt es einen Bahnhof und einen Park aber keinen Strand.

	Goed	Fout
a. **Jonas** is 14 jaar oud.		
b. Hij vindt zijn stad niet leuk.		
c. Zijn stad is klein en toeristisch.		
d. In zijn buurt is een bibliotheek.		
e. In zijn buurt is een stadion.		
f. **Benur** komt uit Spanje.		
g. Zij woont in Frankrijk.		
h. In Madrid is het normaal gesproken koud in de zomer.		
i. In haar stad is een station.		
j. In haar stad is er geen strand.		

B. Vind in bovenstaande teksten het Duits voor:

a. hoofdstad van Duitsland

b. is er een station

c. Ik vind mijn stad leuk.

d. maar geen strand

3. Vink of Kruis

A. Lees de teksten. Zet een vink in het vakje als je de woorden in de tekst vindt. Zet een kruis in het vakje als je de woorden niet vindt.

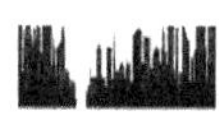

a. Hallo, ich heiße **Gabi.**

Ich bin sieben. Ich komme aus Deutschland und ich wohne in einem Dorf, das Neuhausen heißt. In meinem Dorf gibt es ein Schloss und eine Moschee aber keinen Bahnhof.

	✓	X
a. Ich bin sieben.		
b. aus Deutschland		
c. in einem Dorf		
d. gibt es ein Schloss		
e. gibt es keine Moschee		
f. , die ... heißt.		

b. Hallo, ich heiße **Tito.**

Ich bin sechs. Ich komme aus Italien und wohne in einer Stadt, die Rom heißt. Ich mag sie, weil sie schön ist. In meiner Nachbarschaft gibt es einen Park und ein Museum, aber es gibt keine Kinos.

	✓	X
g. Ik ben 7 jaar oud.		
h. Ik kom uit Italië.		
i. omdat het groot is		
j. In mijn buurt		
k. een zwembad		
l. Er zijn geen parken.		

B. Vind het Duits in bovenstaande teksten

a. in een dorp dat ... heet ______________________

b. geen station ______________________

c. Ik woon in een stad die Rome heet. ______________________

d. In mijn buurt is er een park. ______________________

e. maar er zijn geen bioscopen ______________________

4. Taal Detective

- Ich heiße **Marco.** Ich bin zwölf. Ich komme aus Portugal, aber ich wohne in Paris, der Hauptstadt von Frankreich. Normalerweise ist das Wetter hier gut. In Paris gibt es viele Parks und Kinos und das Stadion von 'Paris Saint-Germain' (PSG).

- Ich heiße **Roberto.** Ich bin dreizehn. Ich komme aus Italien, aber ich wohne in München. In München ist es warm im Sommer. Ich liebe meine Stadt, weil sie lebendig ist. Es gibt hier viele Museen und das Stadion von Bayern München.

- Hallo, ich heiße **Marianne.** Ich bin elf. Ich komme aus der Schweiz, aber ich wohne in London, der Hauptstadt von England. In London regnet es oft. Ich mag die Stadt, weil es hier viele Restaurants und Theater gibt.

A. Vind iemand die...

a. 13 jaar oud is.

b. in Engeland woont.

c. in een stad met musea woont.

d. die geen stadion noemt.

e. in een stad met parken woont.

f. in een levendige stad woont.

g. uit Zwitserland komt.

B. Zet een kruis in het vak en onderstreep de bijbehorende Duitse vertaling. Twee horen er niet bij.

~~Ik kom uit Italië~~	er zijn veel parken...	Het regent vaak in Londen.
Ik houd ervan omdat het levendig is.	het stadion van PSG	In de zomer is het warm in München.
maar ik woon in Engeland	maar ik woon in Londen	Het weer is hier in de regel goed.
Er zijn ook veel musea.	Ik vind mijn stad niet leuk.	omdat er veel theaters zijn.

H10. Ik kan zeggen wat er in mijn dorp/stad is: SCHRIJVEN

1. Spelling

a. e__ __ B__ __ __ __ __ __f — *een station*

b. e__ __ S__ __d__ __ __ __ — *een stadion*

c. e__ __ Sch__ __ __ __ __ __ __ __ __ __ — *een zwembad*

d. e__ __ R__ __ __ __ __u__ __ __ __t — *een restaurant*

e. ei__ __ B__b__ __ __ __t__ __ __ __ — *een bibliotheek*

f. e__ __ S__o__ __ __ __e__ __ __ __ __ __m — *een sportcentrum*

g. Es g__ __t ein__ __ P__ __ __ __. — *Er is een park.*

h. E__ g__ __t ke__ __ K__n__. — *Er is geen bioscoop.*

2. Anagrammen

a. sE btig ieenn rkaP. — *Er is een park.*

__ __ __ __ __ __ __ __ __ __ __ __ __ __ __ __ __ __ __ __

b. Es igbt enei dratheKale. — *Er is een kathedraal.*

__ __

c. sE gbti keni Swchmmidab. — *Er zijn geen zwembaden.*

__ __

d. Es bigt autRsrantse. — *Er zijn restaurants.*

__ __ __ __ __ __ __ __ __ __ __ __ __ __ __ __ __ __ __ __

3. Vertaling met gaten

a. In meiner Nachbarschaft gibt es ein Sportzentrum und ein Stadion.

In mijn _______________ is er een ________________ en een stadion.

b. In meinem Dorf gibt es einen Marktplatz.

In mijn __________ is er een ____________.

c. Ich wohne in London. In London gibt es viele Kathedralen und Kinos.

Ik woon _______ in Londen. In Londen ___ ___ veel kathedralen en ________.

d. Was gibt es in deiner Nachbarschaft? Es gibt eine Bäckerei.

Wat ___ er in jouw buurt? Er is een _________.

e. In meiner Stadt gibt es eine Synagoge und eine Bibliothek.

In mijn ________ is er een __________ en een ______________.

4. Gesplitste Zinnen

a. Es gibt

b. in meiner

c. in

d. Ich mag

e. Es gibt einen

f. weil sie

g. Ich wohne in

1. Stadt
2. meinem Dorf
3. meine Stadt.
4. einen Bahnhof.
5. Marktplatz.
6. Frankreich.
7. schön ist

a	b	c	d	e	f	g
4						

5. Bergbeklimmen

Begin onderaan, Kies een woordgroep van elke rij om onderstaande zinnen te vertalen.

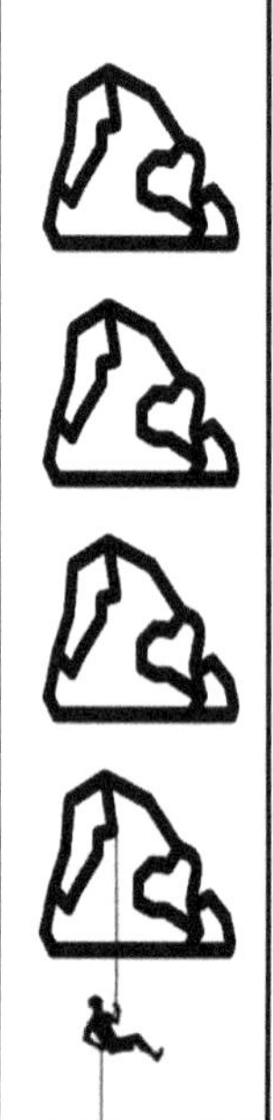

und eine Moschee.	es gibt einen Supermarkt.	keine Kinos gibt.	und ein Schloss.	und ein Schwimm-bad.
nicht, weil es dort	Sportzentrum , aber	eine Bibliothek	ein Stadion	Es gibt einen Park
in deiner Stadt?	gibt es	gibt es kein	meine Nachbar-schaft	gibt es
In meiner Nachbar-schaft	In meiner Stadt	In meinem Dorf	Was gibt es	Ich mag
a.	**b.**	**c.**	**d.**	**e.**

1. In mijn buurt is er een bibliotheek en een kasteel.

   ____

2. In mijn stad is er een stadion en een moskee.

   ____

3. In mijn dorp is er geen sportecentrum, maar er is een supermarkt.

   ____

4. Wat is er in jouw stad? Er is een park en een zwembad.

   ____

5. Ik vind mijn buurt niet leuk omdat er geen bioscopen zijn.

   ____

6. Vul de gaten in

a. Hallo, ich heiße Rocco. Ich bin _____ Jahre alt. Ich komme aus ________, aber ich wohne in London. Ich mag meine Stadt, weil sie sehr ______ ist. In meiner___________ gibt es ein __________ und ___ Stadion.

groß	Italien	neun	ein	Nachbarschaft	Schwimmbad

b. Hallo, ich heiße Mary. Ich komme aus Amerika, aber ich _________ in Wien. _____ mag es, weil es hier _________________ heiß ist. In ______ Stadt _________ viele Kirchen und _______ viele Museen.

normalerweise	Ich	wohne	gibt es	auch	meiner

7. Verwarde Vertaling

a. Schrijf de Duitse woorden in het Nederlands.

Hallo, **ich heiße Anna. Ich komme aus** Engeland, **aber** ik woon **in Italien.** Ik spreek Italiaans **und Deutsch. Normalerweise** is het **Wetter** goed. **In meiner Nachbarschaft** is ier **eine Bäckerei** en een park, **aber** er is geen **Bahnhof.**

b. Schrijf de Nederlandse woorden in het Duits.

Guten Tag, **ik heet** Paul. Ich bin **twaalf** Jahre alt. Ich wohne **in Berlijn,** der Hauptstadt von **Duitsland. Ik vind het leuk**, weil es **erg groot** und touristisch ist. **In mijn** Nachbarschaft **is er** eine Apotheke **en een sportcentrum,** aber es gibt keine **bakker. Wat** gibt es **in jouw** Stadt?

8. Zinnen Puzzel

Zet de Duitse woorden in de juiste volgorde.

a. Nachbarschaft In meiner Parks gibt es auch Supermärkte. und viele

In mijn buurt zijn er veel parken en ook supermarkten.

b. Was deinem Dorf? Es gibt es in gibt Kino einen und Marktplatz. ein

Wat is er in jouw dorp? Er is een bioscoop en een markt.

c. Bahnhöfe. es gibt Synagoge, eine Stadt aber gibt es keine In meiner

In mijn stad is er een synagoge, maar er zijn geen stations.

d. Ich mein mag Dorf, weil gibt zwei Restaurants. und Schulen es dort

Ik vind mijn dorp leuk omdat er daar twee scholen en restaurants zijn.

9. Begeleide Vertaling

a. H____, i___ h______ M_______. I___ w_______ i___ e___ S_____,
d___ P______ h_________.

Hallo, ik heet Maren. Ik woon in een stad die Parijs heet.

b. I___ w_____ i__ e_____ S________. I__ m_____ S_____ g____ e__
S_______________, a_____ e__ g___ k_______ S______________.

Ik woon in een stad. In mijn stad zijn er supermarkten, maar er zijn geen zwembaden.

c. I__ m______ N_______________ g____ e__ e_____ S________ u___
e______ K______, a_____ e__ g_____ k_______ P________.

In mijn buurt is er een school en een kerk, maar er zijn geen parken.

10. Trapsgewijs vertalen

Begin bij de top, vertaal elke woordgroep naar het Duits.
Schrijf de zinnen in onderstaande tabel.

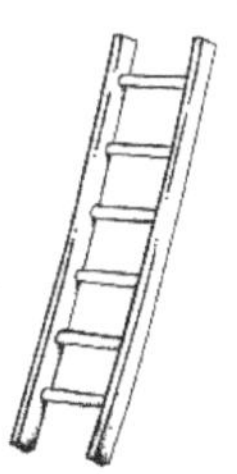

a.	Ik vind	mijn stad leuk.				
b.	Ik vind mijn stad	niet leuk omdat	er geen bioscopen zijn.			
c.	In mijn buurt	is er een biblio-theek, maar	er zijn geen sportcentra	Zij is mooi.		
d.	In mijn dorp	is er een stadion, maar	er is geen station.	Het is lawaaierig	en ook toeristisch.	
e.	In mijn stad	is er een moskee, maar	er zijn geen kathedralen.	Zij is klein	en ook rustig,	maar het is mooi.

Antwoorden / Antworten	
a.	
b.	
c.	
d.	
e.	

Uitdaging / Spezialaufgabe

Kun je 2 extra zinnen maken met de woorden in bovenstaand trapschema?

☆	
☆	

Geen Slangen Geen Ladders

Hfd. 9-10

START	1 Ich wohne in …	2 Ich wohne in Berlin.	3 mein Dorf	4 meine Stadt	5 Ich liebe mein Dorf.	6 Wo wohnst du?	7 In meiner Nachbarschaft …
15 …, weil die Stadt nicht hässlich ist.	14 …, weil die Stadt ruhig ist.	13 …, weil die Stadt schön ist.	12 Ich mag meine Stadt, weil …	11 Es gibt Synagogen.	10 Parks und Restaurants	9 Es gibt kein Sportzentrum.	8 Es gibt ein Schwimmbad.
16 Ich wohne in London.	17 Mein Dorf ist laut.	18 Es gibt einen Supermarkt.	19 und einen Bahnhof	20 Es gibt auch einen Park.	21 Ich hasse meine Stadt.	22 Mein Dorf ist klein.	23 Ich wohne in Bern.
ZIEL	30 Meine Stadt ist lebendig.	29 Mein Dorf ist touristisch.	28 …, weil die Stadt groß ist.	27 Ich mag meine Stadt nicht.	26 …, aber es gibt kein Kino.	25 ein Schloss und ein Theater	24 Es gibt dort eine Kirche.

Hfd. 9-10

Geen Slangen Geen Ladders

START	1 Ik woon in ...	2 Ik woon in Berlijn.	3 mijn dorp	4 mijn stad	5 Ik houd van mijn dorp.	6 Waar woon jij?	7 In mijn buurt ...
15 omdat de stad niet lelijk is.	14 ... omdat de stad rustig is.	13 ... omdat de stad mooi is.	12 Ik vind mijn stad leuk omdat ...	11 Er zijn synagogen.	10 Parken en restau- rants	9 Er is geen sportcen- trum.	8 Er is een zwembad.
16 Ik woon in Londen.	17 Mijn dorp is lawaaierig.	18 Er is een super- markt.	19 en een station	20 Er is ook een park.	21 Ik haat mijn stad	22 Mijn dorp is klein.	23 Ik woon in Bern.
ZIEL	30 Mijn stad is levendig.	29 Mijn dorp is toeris- tisch.	28 ... omdat de stad groot is.	27 Ik vind mijn stad niet leuk.	26 ..., maar er is geen bioscoop.	25 een kasteel en een theater	24 Er is daar een kerk.

www.ingramcontent.com/pod-product-compliance
Lightning Source LLC
LaVergne TN
LVHW070951180726
843512LV00017B/1220

* 9 7 8 3 9 4 9 6 5 1 6 3 2 *